感谢国家社科基金项目"粤港澳大湾区打造国际科技创新中心的方向、模式与机制研究"(批准号:19BJY011)对本书的资助。

国家智库报告 2019（18）
National Think Tank

经 济

中山大学粤港澳发展研究院

中山大学港澳珠江三角洲研究中心

粤港澳大湾区科技创新研究

——宏观比较、微观实证与个案分析

李小瑛 刘夕洲 李晋灵 蒋秋祎 陈嘉玲 编著

SCIENCE AND TECHNOLOGY INNOVATION IN GREATER
BAY AREA OF GUANGDONG, HONG KONG, AND MACAO:
MACRO-COMPARATIVE ANALYSIS, MICRO-EMPIRICAL
STUDY AND CASE STUDY

中国社会科学出版社

图书在版编目(CIP)数据

粤港澳大湾区科技创新研究：宏观比较、微观实证与个案分析 / 李小瑛等编著. —北京：中国社会科学出版社，2019.10（2020.6 重印）
（国家智库报告）
ISBN 978-7-5203-5144-7

Ⅰ.①粤… Ⅱ.①李… Ⅲ.①区域经济—技术革新—研究报告—广东、香港、澳门 Ⅳ.①F127.65

中国版本图书馆 CIP 数据核字（2019）第 208983 号

出 版 人	赵剑英
项目统筹	王 茵
责任编辑	喻 苗
特约编辑	郭 枭
责任校对	胡新芳
责任印制	李寡寡

出　　版	中国社会科学出版社
社　　址	北京鼓楼西大街甲 158 号
邮　　编	100720
网　　址	http://www.csspw.cn
发 行 部	010-84083685
门 市 部	010-84029450
经　　销	新华书店及其他书店

印刷装订	北京君升印刷有限公司
版　　次	2019 年 10 月第 1 版
印　　次	2020 年 6 月第 2 次印刷

开　　本	787×1092　1/16
印　　张	10.25
插　　页	2
字　　数	138 千字
定　　价	58.00 元

凡购买中国社会科学出版社图书，如有质量问题请与本社营销中心联系调换
电话：010-84083683
版权所有　侵权必究

摘要： 本书按照从宏观区域比较到微观案例分析的思路展开，对粤港澳大湾区打造全球科创中心的比较优势、发展现状，以及未来面临的主要挑战进行系统的分析，在此基础上提出粤港澳大湾区打造全球科创中心的政策建议。

宏观比较研究。比较中国、美国、日本、瑞士发现，我国的科技创新成果显著，发达的制造业、众多的股权投资机构为科技创新奠定基础。但我国整体受教育水平较低，国际一流名校较少，研发经费投入总量大而不优等可能制约创新的发展。通过京沪广深港的国内比较，主要发现如下：第一，粤港澳大湾区创新环境优越，在文化多样性、年龄结构、知识产权保护、营商环境良好等方面具备优势，但仍然存在高等教育实力薄弱，创投资金缺乏等问题；第二，粤港澳大湾区创新投入总量不足，结构失衡，缺乏高端科研要素；第三，粤港澳大湾区在创新产出方面存在基础研究产出薄弱，科技成果转化效率低的问题。

微观实证研究。利用上市公司的数据进行实证研究发现，创业板上市公司和私营企业的创新投入水平较高，而主板上市公司和国企的创新产出水平较高。同时，实证结果表明影响企业创新成效的因素主要有两方面：一是内部创新投入，其中企业规模对企业创新的促进作用最大；二是外部创新环境，其中研发环境对企业创新的促进作用最强，而政策环境的促进作用较小。

案例分析。通过科创企业的案例分析发现，科创企业通常拥有产学研一体化的发展模式，包括人才培养、基础科研、业务发展等，政府则在文化环境、政策支持、资金保障等方面为创新提供支持。通过深港跨境产学研合作的案例分析，我们发现以深圳虚拟大学园为代表的合作平台，将香港的科研实力、国际化环境与深圳的产业链、公共服务相结合，形成了市校共建、院企并行的合作模式。

关键词： 粤港澳大湾区，创新环境，创新投入，创新产出

Abstract: This book systematically analyzes the comparative advantage, status quo and challenges of the Guangdong-Hong Kong-Macao Greater Bay Area from both macro and micro insights. And according to the analysis, we get policy implications on how to build a global science and technology innovation center in the Guangdong-Hong Kong-Macao Greater Bay Area. At the Macao level, we first compare China with the United States, Japan and Switzerland, and find that our achievement in innovation is remarkable. Well-developed manufacturing industry and equity investment institutions lay the foundation for innovation. But the education level in China is still not high enough and first-class universities are scarce. The expenditure on R&D face the problem of "being large in quantity but not effective enough in structure", which may hinder the development of innovation. Then, by comparing the situations of Beijing, Shanghai, Guangzhou, Shenzhen and Hong Kong, we find that the Guangdong-Hong Kong-Macao Greater Bay Area has significant advantages on age structure, cultural diversity, intellectual property protection, and business environment while facing challenges of lagging higher education and the lack of venture capital. Meanwhile, innovation input in Bay area is of deficiency, structural is unbalanced and academicians and advanced equipment is far from being qualified. Also, the fundamental research is not strong and the commercialization of science and technology is not efficient in the Bay area. Analysis at firm level are as follows. Listed companies on GEM (growth enterprise market) and private enterprises spend more on innovation input while listed companies on main board market and state-owned enterprises get more innovation output. Empirical results show that two factors affect firm innovation. One is internal innovation input, which plays the most important role. The other is external innovation environment including R&D

environment, which is the most important factor. Although policy environment has less effect on innovation, it could be operated easily by government. Finally, according to the case study of innovative firms, we find these firms usually establish cooperative relations among universities, industries and research institutions in talent cultivation, basic research and business development. Government plays an important role in cultivating environment, policiesand providing financial support. The case study based on Shenzhen-Hong Kong cross-border Industry-university-research cooperation show that, cooperation platforms, which are represented by the Shenzhen Virtual University Park, combine the research capability and international environment of Hong Kong with the industrial chains and public service of Shenzhen to facilitate a new cooperation model, called "established by government and university and operated by college and enterprise".

Keywords: the Guangdong-Hong Kong-Macao Greater Bay Area, Innovative environment, Innovative input, Innovative output

前　言

"创新是一个民族进步的灵魂，也是中华民族最深沉的民族禀赋。在激烈的国际竞争中，惟创新者进，惟创新者强，惟创新者胜。"[①]　"纵观人类发展历史，创新始终是推动一个国家、一个民族向前发展的重要力量，也是推动整个人类社会向前发展的重要力量。"[②]

我们所处的时代，科技进步的速度，影响的广度和深度超过了以往的任何时代。前沿的科技创新将推动生产率进步，保障全社会经济发展的成果，促进可持续发展并改善环境。当前，全球科技创新进入空前密集活跃时期，世界主要发达国家和新兴经济体均将科技创新提升为国家发展的核心战略，国际科技竞争空前激烈。改革开放40年以来，通过释放劳动力成本优势和制度变革的优势，我国经济总量和人均生产总值快速增长，经济发展取得了举世瞩目的成就，经济总量跃居世界第二，社会生产力和综合国力迈向新台阶，人民生活条件得到显著改善。但是，我国发展中的不平衡、不协调、不可持续问题依然突出。目前，随着廉价劳动力比较优势的减弱，新时代中国经济的发展将从高速发展转向高质量发展，从要素驱动转型为创新驱动。

[①] 习近平2014年8月18日主持召开中央财经领导小组第七次会议强调，加快实施创新驱动发展战略相关内容。

[②] 同上。

尤其是中美经贸摩擦发生以来，我们更加意识到核心关键技术的重要性，只有在科技创新领域有所成就，才能掌握全球竞争先机和优势，以科技创新支撑现代化强国的建设。

建设粤港澳大湾区，是习近平总书记亲自谋划、亲自部署、亲自推动的国家战略，是新时代推动形成全面开放新格局的新举措。2019年伊始，《粤港澳大湾区发展规划纲要》落地，中央确定粤港澳大湾区建设具有全球影响力的国际科技创新中心战略定位，其发展定位可以分为三个层次：一是要成为区域创新的动力引擎，二是成为国家自主创新的试验田和示范区，三是成为具有国际影响力的创新领导者。

粤港澳大湾区是"一国两制、三个关税区域、三种法律体系"下的湾区城市群，具有三大特色：一是创新科技资源的国际性，二是创新成果的产业化，三是科技创新和制度创新的互动性。粤港澳大湾区要打造国际科创中心，建成全球科技创新和新兴产业重要策源地，既要遵循区域创新生态体系发展的一般规律，也要结合粤港澳大湾区的特色，同时要结合科技发展的不同阶段，来制定更加符合当前发展阶段和当前区域的科技发展战略与政策。

本书将按照从宏观区域比较，到微观企业实证分析，再到个案剖析的思路展开。首先，通过对国际主要科创中心的横向比较，我们发现粤港澳大湾区建设全球科创中心具备一定的比较优势，但是也存在一些亟待突破的制度困境和约束。其次，微观企业的实证分析有助于我们去寻找企业创新发展的一般性规律。再次，深入的案例分析有利于我们了解粤港澳科创合作中面临的微观层面信息。我们的案例主要来自深圳较为成功的科创企业和合作平台，这样选择的目的是希望找到成功模板，并从中找到可以复制的经验。最后，对粤港澳大湾区打造全球科创中心的比较优势、发展现状，以及未来面临的主要挑战进行较为系统全面的总结，并提出把粤港澳大湾区打造成全球科创中心的政策建议。

目 录

第一章 我国科技创新发展总体状况：基于跨国比较的证据 ……（1）
 一 专利 ……（1）
 二 教育与基础研究 ……（4）
 三 产业基础 ……（10）
 四 私募和独角兽 ……（14）
 五 开放程度和营商环境 ……（17）

第二章 粤港澳大湾区科技创新的优势与劣势：基于我国三大科创中心的比较 ……（21）
 一 引言 ……（21）
 二 比较指标体系构建 ……（22）
 三 科创中心创新现状的比较与分析 ……（22）
 四 粤港澳大湾区科技中心的优势及短板总结 ……（39）
 五 政策建议：建立粤港澳大湾区科技创新合作机制 ……（41）

第三章 公司层面创新影响因素的分析：来自中国上市公司的实证研究 ……（44）
 一 引言 ……（44）

二　中国上市公司创新现状 …………………………………（46）
三　中国上市公司创新影响因素分析 ………………………（58）
四　小结 ………………………………………………………（72）

第四章　粤港澳大湾区生物医药行业科技创新：以华大基因为例 …………………………………………………（75）
一　引言 ………………………………………………………（75）
二　基因测序行业的发展 ……………………………………（77）
三　华大基因发展 ……………………………………………（79）
四　华大基因的产学研模式 …………………………………（80）
五　深圳是华大基因等创新型企业的成长沃土 ……………（82）
六　政府在推动创新过程中的角色 …………………………（85）

第五章　粤港澳大湾区医疗器械行业科技创新：以迈瑞为例 …………………………………………………（88）
一　医疗器械行业现状 ………………………………………（88）
二　国内医疗器械行业发展的影响因素 ……………………（98）
三　医疗器械企业案例分析——以迈瑞为例 ………………（100）
四　深圳创新驱动：政府的角色 ……………………………（109）

第六章　粤港澳大湾区建设科创中心：深港跨境产学研合作——基于深圳虚拟大学园的案例分析 …………（114）
一　引言 ………………………………………………………（114）
二　深港跨境产学研合作的创新模式 ………………………（115）
三　深港跨境产学研合作的优势分析 ………………………（124）
四　深港跨境产学研合作的障碍分析 ………………………（128）
五　总结与政策建议 …………………………………………（131）

第七章　主要研究发现与政策建议 ……………………（136）
　一　主要发现 ………………………………………（136）
　二　政策建议 ………………………………………（144）

参考文献 ……………………………………………………（148）

第一章
我国科技创新发展总体状况：
基于跨国比较的证据

通过对比美国、日本、瑞士和中国的科技创新发展指标，有助于我们了解我国以及粤港澳大湾区科技创新在全球创新版图中的位置。以下将围绕与创新紧密相关的五个方面展开比较分析，分别包括教育和科研、专利申请和知识产权贸易、制造业竞争优势、私募股权和独角兽以及全球化程度和营商环境。美国是全球创新科技的引领者，以旧金山湾区和纽约湾区为代表的科技创新和金融行业发展是全球湾区经济的代表。2009年、2011年、2015年美国政府分别相继发布国家创新战略，系统部署创新战略与政策。在东亚经济体中，日本的科技创新独树一帜，东京湾区的产业发展和科技水平具有很强的代表性，日本政府也认为"科学技术创新能力是重振经济的原动力"。在全球创新版图中，北欧各国把科技创新作为立国之本，瑞士在世界知识产权组织发布的创新指数能力报告上连续多年排名第一。

一 专利

专利产出是一个国家创新能力的重要体现。对知识产权的保护是一个国家创新经济发展的基础，良好的知识产权制度的设计和执行能对科研人员和科研机构产生有效激励，从而激发出科研人员的科研热情，科研机构在良好的制度环境下会进行更多的科研创新投入，从而提高整个科创系统的运行效率，实现高效的科研产出，最后形成良性循环，创建出良好的科研生态系统。由于专利申请权的独立性原则，各个国家的专利申请系统均是独立运行的。为了进行不同国家专利状况的横向对比，我们采用跨国的指标和数据来反映各个国家和地区的专利水平。

采用美国商会全球知识产权中心（GIPC）发布的《2018年国际知识产权指数报告》[①]进行横向对比。报告数据显示，美国以37.98分位列第一，日本以34.58分位列第八，瑞士以33.42分位列第十，中国以19.08分位列第二十五。

采用专利合作条约（Patent Cooperation Treaty）的专利申请数量作为分析的主要依据。专利合作条约PCT（Patent Cooperation Treaty）是150多个缔约国共同签订的国际条约。专利合作条约规定了申请人提交一份国际专利申请之后，就可以向多个国家申请专利，不需要向这些国家再分别提交单独的专利申请，可以同时在许多国家寻求专利保护。企业的专利合作条约（PCT）国际专利申请通常是其跨国业务开展的前提和基础，有助于企业开拓和占领国际市场，抢占发展先机，因此一个地区专利合作条约（PCT）专利申请数量是其国际专利布局的体现。

根据2017年国际PCT专利申请数量的统计，[②] 2017年全球所有国家总共申请专利合作条约（PCT）专利243500件。其中美国以56624件排名第一，中国的专利合作条约（PCT）专利申请数量为48882件，日本以48208件的数量跟在中国之后排名第三，瑞士申请专利数量为4491件。广东省专利合作条约（PCT）专利申请数量为26830件，占全国专利合作条约（PCT）

---

① 2019年5月10日，https://www.theglobalipcenter.com/wp-content/uploads/2018/02/GIPC_IP_Index_2018.pdf。

② 2019年5月10日，http://www.wipo.int/export/sites/www/ip-stats/en/docs/infographic_pct_2017.pdf。

专利申请数量的54.89%，已经连续16年居全国第一。① 从具体的申请机构来看，华为和中兴公司分别以4024件和2965件的申请量占据了榜单前两名的位置，成为世界上申请专利合作条约（PCT）专利数量最多的两家公司。华为和中兴都是从粤港澳大湾区内部成长起来的本土企业，可见粤港澳大湾区具有培育全球一流高科技公司的条件和环境。

知识产权使用费的进出口情况反映了一个地区的企业和产业在国际上的竞争力。创新能力强，创新成果多，申请国际专利数量越多，在国际上就越有竞争力。中国目前知识产权使用费还存在着大量逆差的情况，这正是我们的产业创新不足、许多关键核心技术尚未掌握的表现。广东的PCT国际专利申请占全国54.89%，而知识产权使用费的出口占全国83.9%，说明广东在PCT国际专利的申请上不仅数量多，而且质量高，能主动参与到国际产业的分工和竞争中去，在国际市场上也有一定的竞争力。以建设粤港澳大湾区为契机，借助大湾区深厚的科研基础和丰富的知识产权贸易国际化经验，能够帮助中国加快实现建设知识产权强国的目标。

结合现有世界科创中心的发展经验来看，世界主要科创中心创新生态体系中的创新主体仍是企业，但良好的科技创新生态环境的建设不能仅仅依赖企业，还有赖于良好的市场环境和政府政策。科技创新活动既包括基础研发活动，也包括研究成果转化，科技创新活动具有很强的外溢效应，纯粹依赖市场可能会导致创新活动低于社会最优水平。因此，科技创新活动的有效推进既依赖完善的市场，也依赖通过政府的政策安排来有效地避免市场失灵。市场是科技发展的风向标和投票器，企业一边连接着消费者需求市场，一边连接着新兴科技的供给市场，科创企业就是信息的搜集者和传递者，使科技研发和市场转化

---

① 数据来自广东省知识产权局。

结合得更加紧密。粤港澳大湾区目前已经形成以企业为主体的创新基础环境,政府与市场还需进一步配合来完善和提升这一创新生态体系。

二 教育与基础研究

无论是从企业层面还是地区城市层面来看,人力资本对于创新都举足轻重。人力资本对经济增长具有促进作用,技术创新是转变经济增长方式的途径,是增长的原动力。世界科创中心的发展经验显示,科技创新活动需要丰富的人力资本作为支撑。人才的聚集带来智慧的碰撞从而迸发出创新的火花,这将会推动一个地区的创新活动。

(一) 受教育水平

地区教育水平是反映地区人力资本的重要指标。联合国发布的《2016年人类发展报告》[①] 中包含了各国或地区平均受教育年限[②]的数据。报告显示,世界平均受教育年限为8.3年,创新绩效排名靠前的瑞士、美国、日本等地受教育水平均较高。瑞士的平均受教育年限为13.4年,美国的平均受教育年限为13.2年,日本的平均受教育年限12.5年,中国内地的平均受教育年限为7.6年,中国香港的平均受教育年限为11.6年。另外

---

① 2019年5月10日,http://hdr.undp.org/sites/default/files/hdr_2016_report_chinese_web.pdf。

② 平均受教育年限:指使用每种教育水平所规定的期限将受教育程度换算为25岁及以上年龄人口的平均受教育年限。不同国家每种教育水平对应的期限不尽相同。比如,我国小学教育水平对应6年教育,初中3年,高中3年,大学4年等。

以预期受教育年限①的数据来看：瑞士16.0年，美国16.5年，日本15.3年，中国香港15.7年，中国内地13.5年。中国内地平均受教育年限低于世界平均水平，与其他经济发达的地区相比较而言中国较为落后。但中国预期受教育年限已经超过世界平均水平，大大缩小了和其他发达国家或地区的差距。中国要发展高科技产业和促进创新创业，首先要正视和发达国家的差距，继续加大教育投入，进一步充分发挥中国人力资源丰富的优势（见图1-1）。

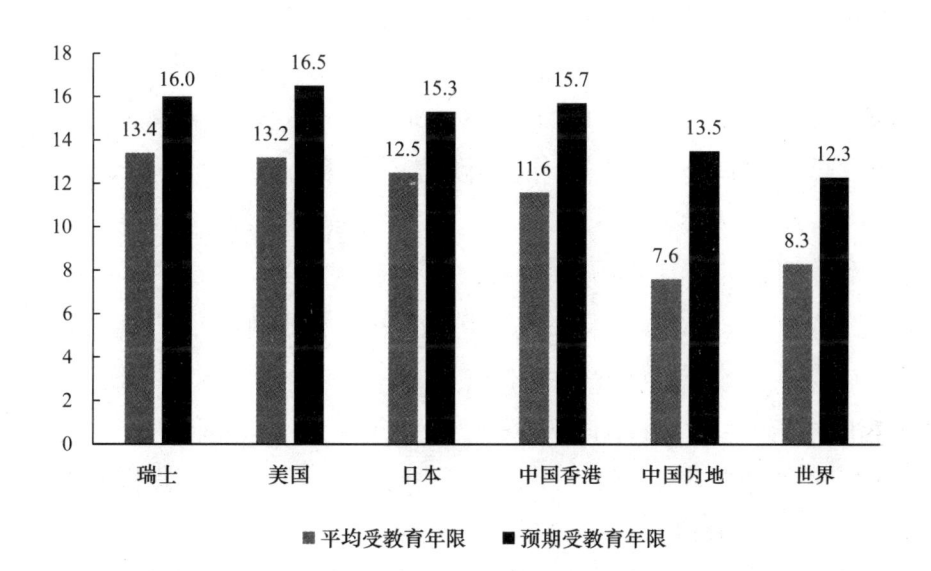

图1-1 2015年各国或地区平均和预期受教育年限

通过国家以及地区间的对比，可以看出中国香港的教育质量在国际竞争中有着明显的优势，将使香港在后备科研人才的培养上具有一定的优势。粤港澳大湾区作为中国经济重要的一个增长极，吸引着全国乃至全世界范围内的高科技人才。中国

---

① 预期受教育年限：指如果特定年龄的入学率现行模式经其一生保持不变，一名学龄儿童预计将接受教育的年限。

的劳动人口总数量虽然在下降，但是劳动人口质量却得到了前所未有的提升，巨大的人才资源优势将在未来进一步凸显。粤港澳大湾区可以充分发挥香港教育资源丰富的优势，加强两地交流，扩大香港对内地的招生，从而培养一大批优秀的后备科研人才。

（二）未来教育指数

世界经济快速发展，新型科学技术层出不穷，全面的、面向未来的和前瞻性的教育能够帮助学生在未来瞬息万变的世界中提高核心竞争力。经济学人智库编制的"未来教育指数"(Worldwide Educating for the Future Index)，对世界主要国家或地区的教育绩效进行了评价，指数涵盖了政策环境、教学环境和社会经济环境三大类。未来的教育，要加强学生自主学习能力，自我发现问题和解决问题的能力，使之养成终身学习的好习惯。根据经济学人公布的"未来教育指数"①，中国内地仍旧落后于世界具有代表性的创新经济体（见图1-2）。其中，瑞士以81.5分排第4位，日本以77.2分排在第7位，美国以71.7分与韩国并列排在第12位，中国香港紧随其后以68.5分排在第14位，中国内地得分只有32.9分，排在第31位。在粤港澳大湾区内部乃至整个中国地区都要加快转变教育模式，改革教育体制，学习先进教育方法，接轨世界先进教育体系。着眼未来科技发展方向，提前布局新兴科技领域，培养新兴科技人才。

（三）大学

现代大学是知识的聚集地，学术的传承链，是创新的孵化器。一所优秀的大学，不仅为学生提供优良的学术资源，培育

---

① 2019年5月10日，https://dkf1ato8y5dsg.cloudfront.net/uploads/5/80/eiu-yidan-prize-educating-for-the-future-wp-final.pdf。

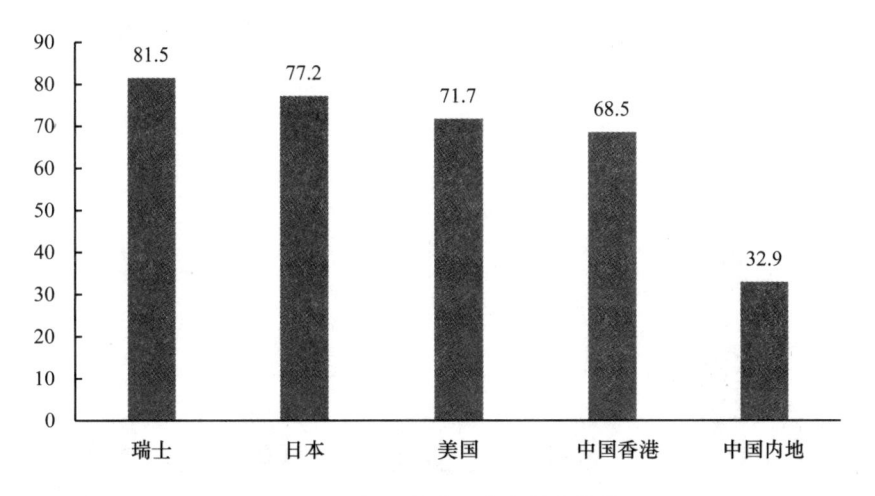

图 1-2 各国或地区未来教育指数

优秀的学术人才，同样也是引领创新服务社会的学术高地。2019年，国际教育市场咨询公司 Quacquarelli Symonds（简称QS）大学排名的前100中，[①] 美国占31家，中国内地占6家，日本占5家，瑞士占了4家，中国香港占5家（见图1-3）。中国香港所占5家中，香港大学排第26名，香港科技大学排30名，香港中文大学排46名，香港城市大学排49名，香港理工大学排95名。

在大湾区内要建设一批具有国际一流学术水平的知名大学，将学术资源和创新市场紧密结合在一起，有意识培养学生的创新意识，激发学生的创新潜能。创造有活力的学术机制，使学术活动和创新活动产生良性互动，让学术人才成为创新人才，让创新人员获得丰富学术资源。

香港作为大湾区内的"教育高地"，在科创人才的培养，高端科研平台的建设上有明显优势。"科技是第一生产力"，技术进步是创新经济增长的重要动力，也是国际产业竞争的重

[①] 2019年5月10日，https：//www.topuniversities.com/university-rankings/world-university-rankings/2018。

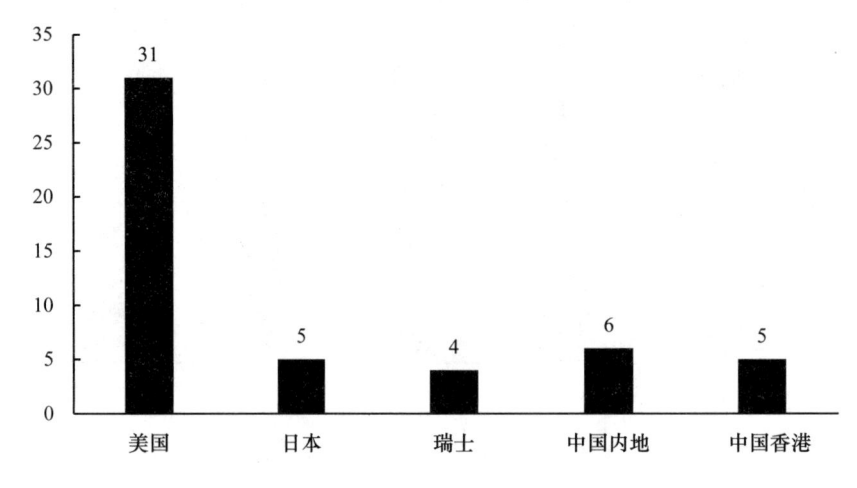

图 1-3　各国或地区 2019 年 QS 大学排名前 100 数量

要基础。香港可以凭借优质的教育资源，为大湾区的科创产业培养更多的优秀人才。大湾区内部建立有效的研企互助制度，企业给予科研机构资金支持，科研机构则可以帮助企业解决生产经营过程中所遇到的技术难题。充分发挥香港的教育和高端科研优势，配合珠三角城市的生产制造和产业配套能力，做好产学研的合作与科研成果转化将成为提高大湾区创新能力的关键。

（四）基础研究

基础研究是重大发明和重要创新的源泉，要重视基础研究的重要地位，保障研究人员利益，使学术资源得到充分利用。大学和科研机构在科研中承担了大部分重要的基础研究工作。论文产出向来是大学和科研机构科研能力的重要体现。Nature 出版集团发布的自然指数排行榜，[①] 是根据在国际顶尖的 68 种

---

① 2019 年 5 月 10 日，https：//www.natureindex.com/annual-tables/2018/institution/all/all。

（2018年6月扩大为82种）高质量的科学期刊上发表的文章数量而生成的数据库，涵盖了化学、地球和环境科学、生命科学和物理学四大学科。自然指数衡量了各科研机构在国际水准高质量科学研究中的贡献，是对大学和科研机构基础研究能力的客观评价指标。

根据2018年自然指数年度榜单的数据，在全球的科研机构排名中，中国科学院蝉联榜首，紧随其后第2名是美国的哈佛大学，第8名是日本的东京大学，第13名为瑞士联邦理工苏黎世大学（ETH苏黎世）。在世界前100的科研机构的排行中，中国占16家，美国占45家，日本占5家，瑞士占3家，粤港澳大湾区内大学和科研机构中仅中山大学一家进入前100。

增加研发支出是对创新活动最大的支持。世界上创新能力强的国家无一不是进行了大量的研发投入。中国研发支出以总量衡量已经位于世界前列，但从研发支出占GDP的比例来看，还有很大的追赶空间（见图1-4）。广东是中国研发支出投入

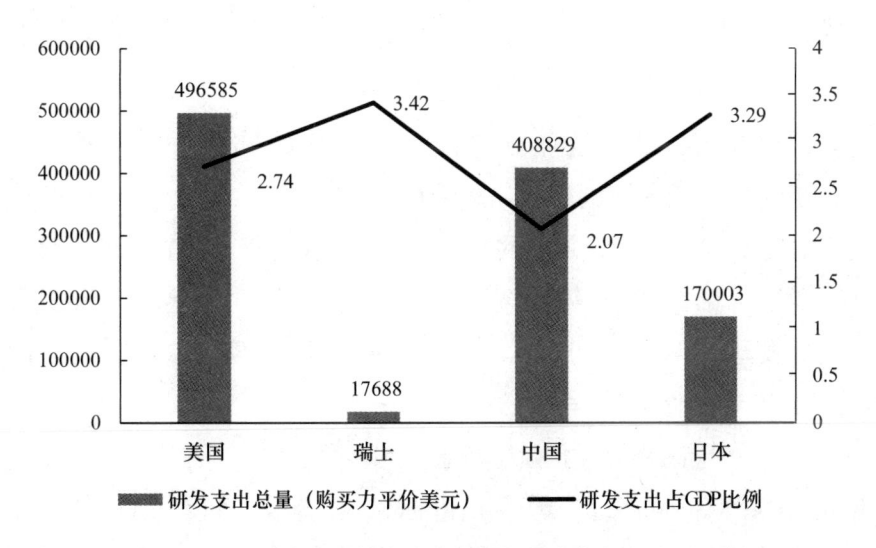

图1-4 2015年各国研发支出总量和研发支出占GDP比例

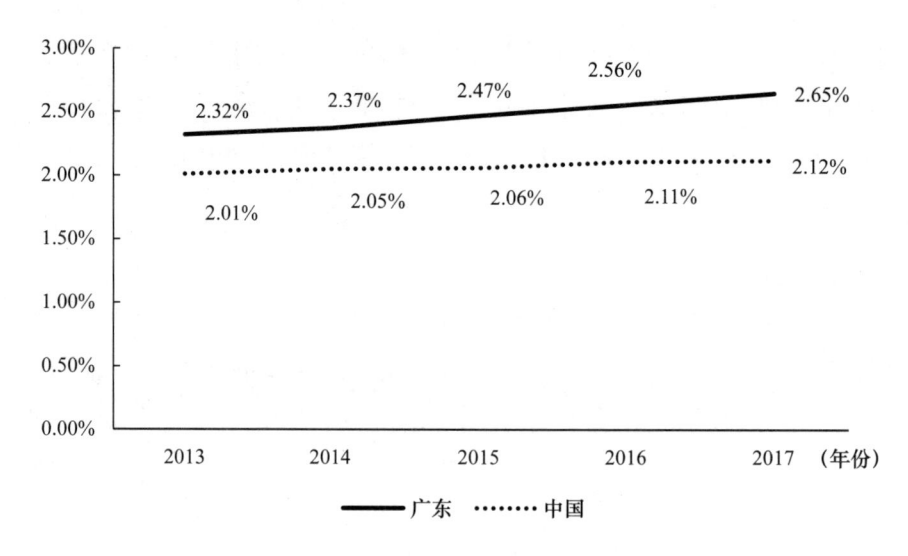

```
3.00%
2.50%    2.32%      2.37%      2.47%      2.56%
                                                    2.65%
2.00%    2.01%      2.05%      2.06%      2.11%     2.12%
1.50%
1.00%
0.50%
0.00%
         2013       2014       2015       2016      2017   （年份）
                     ——— 广东    ……… 中国
```

图 1-5　广东和中国近年研发强度

最多的省份之一，历年的研发强度都大于中国整体水平（见图 1-5）。建设智慧湾区和创新湾区，还应该进一步加大研发投入，争取达到世界领先经济体的水平，同时注重经费利用效率，为大湾区的创新发展做出切实的贡献。

三　产业基础

工业，尤其是制造业是国民经济发展的物质基础和产业主体，在国民经济中占有极为特殊的重要地位。制造业直接创造物质财富，是社会生产力的集中体现，也是社会财富和综合国力的物质基础。2008 年，金融危机之后，美国、德国、英国等一大批发达国家开始出台、实施一系列重振实体经济的政策，大力推进再工业化进程。

制造业与创新活动互为基础，互相促进。保持先进的制造业竞争力，有利于提升国家先进制造业技术，科技创新能力的提升能反哺制造业，使国家在全球产业价值链的竞争中处于优势地位。创新往往发生在实际生产生活遇到问题之时，解决这些以前没有遇到过的问题的过程就是一系列的创新活动。一方面，一国科技创新的水平直接影响到制造业在全球产业价值链中的地位，拥有强大的科技实力，就能占据产业链上游地位，获得由高新技术带来的超额利润。另一方面，生产过程是产生技术创新活动的母体，去产业化的地区其技术创新的源泉也逐渐枯竭，缺乏制造业基础的科技创新就像无源之水，无本之木。

（一）制造业竞争力

根据德勤发布的《2016全球制造业竞争力指数》，① 中国制造业竞争指数连续三次在报告中保持第1的排名，美国排名第2，日本排名第3，瑞士排名第12。（见图1-6）

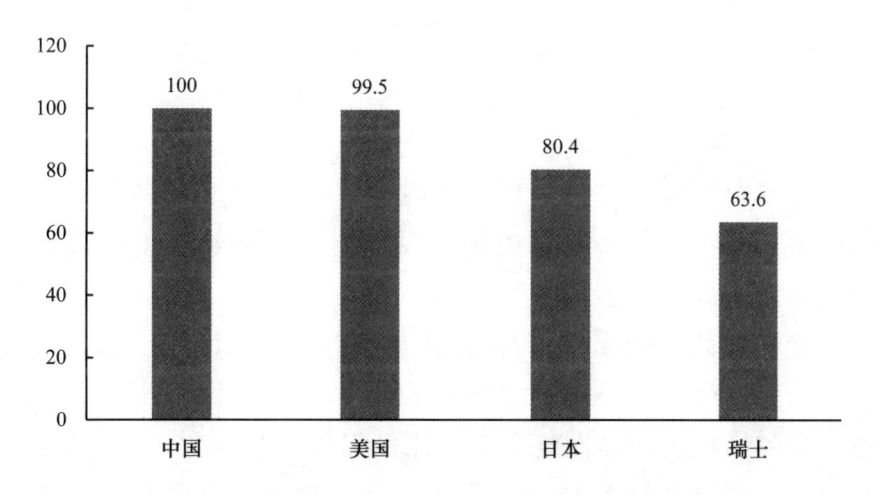

图1-6 2016年各国或地区制造业竞争力指数

美国是世界上科研投入最多的国家，这是其在高端制造业上保持强大竞争力的关键，由于其生产技术领先，美国成为世

---

① 2019年5月10日，https://www2.deloitte.com/content/dam/Deloitte/us/Documents/manufacturing/us-gmci.pdf。

界上劳动生产率最高的国家之一。日本国内资源稀缺，人口老龄化趋势严重，然而其制造业仍然保持了一定的国际竞争力。日本劳动力出现短缺，又不想过度依靠外来移民，因此大力发展机器人产业。目前日本已经是机器人产业方面的国际领先者，在机器人先进制造业领域拥有明显的优势。瑞士制造业在欧洲排名第三，仅次于德国和英国，在机电金属、化工医药、钟表制造等产业方面居于世界领先地位。作为一个人口只有800多万的国家，能取得这样的成绩，瑞士正是依靠了其强大的科研创新体系。中国虽然在榜单上排名第一，但随着发达国家实行"再工业化战略"，着力巩固在高端制造业的优势，新兴的东南亚和非洲国家用更低的劳动力成本吸引了大量的制造业企业，中国制造业的转型升级迫在眉睫。要想继续保持制造业竞争力，只有加强科研创新，坚决向高端制造业进军，才能在国际竞争中赢得一席之位。

（二）高科技出口

中国的商品出口正实现由低端的劳动密集型商品向中高端的技术密集型商品转化，国际贸易的比较优势也正由低成本的劳动力向中高端的技术优势变化。从高科技出口占制成品出口的百分比（高科技出口产品是指具有高研发强度的产品，例如航空航天、计算机、医药、科学仪器、电气机械）来看，中国近年来的高科技产品占整个出口比例都超过四分之一，[1] 高于美日等发达国家（见图1-7、图1-8）。制造业正逐渐摆脱"量大质低""大而不强"的状况。

---

[1] 2019年5月10日，https：//data.worldbank.org.cn/indicator/TX.VAL.TECH.MF.ZS?end=2016&name_desc=false&start=2011&view=chart。

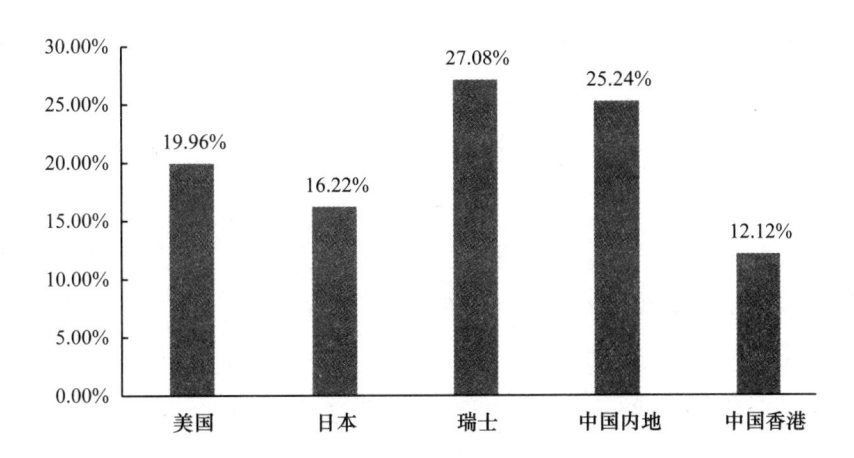

图 1-7　2016 年各国或地区高科技出口占制成品出口百分比

图 1-8　近年中国内地和香港地区高科技产品占出口比例

不应该忽视的是，虽然我国高科技产品出口数量多，其中许多技术的研发，大量核心零部件的生产都是国外完成的，中国在其中只是扮演了组装生产的角色。中国要在认识并承认与领先国家之间的差距的前提下，坚持培育企业自主创新能力，掌握高科技产品生产的核心技术，培养高素质的技术人才，才能始终保持我国在国际贸易和产业分工中的竞争力。

广东省 2016 年产品出口总额为 5985.64 百万美元，其中高新技术产品出口为 2135.92 百万美元，高新技术产品占出口百分比为35.68%。① 作为制造强省和出口大省的广东,其制造能力稳步提升,为粤港澳大湾区制造业的转型升级奠定了牢固的基础。粤港澳大湾区所在的珠三角地区,是中国发展最为成熟的制造业中心之一,具有强大的产业配套能力和生产制造能力。国际领先的制造业水平,完备的制造业产业体系,成为大湾区作为国家科创中心的独特发展优势。把大湾区建设成为世界级的科创中心的同时建设成为世界级的制造中心,一方面能够使其始终保持传统制造业的竞争力,另一方面则帮助大湾区在高科技制造业的争夺中取得先机。粤港澳大湾区要加快传统产业的转型升级,淘汰升级一批效率低下、污染严重的落后产能。同时要抓住发展机遇,争取弯道超车,在人工智能、大数据、智能制造等新兴产业方面达到国际领先水平,推动这些新兴技术与制造业网络深度融合,从制造业的追赶者转变为引领者。

四　私募和独角兽

金融是现代经济的血液,发达的金融系统是经济活动繁荣的保障。私募股权机构对一个地区科技创新活动的发展起着非常重要的作用。第一,私募股权对创新活动起到了"筛选"作用。私募股权投资人会在对一家初创公司投资前进行详尽的调查和分析,从而找出最值得投资的行业和公司。第二,私募股权起到了"输血"作用。许多初创公司在成长初期都面临着规模小、盈利低等困境,创投资本的支持可以帮助初创公司成功渡过"死亡峡谷",实现生存的首要目标。第三,私募股权有"培育"作用。股权投资机构在投资一家初创企业后,会提供专业化服务,包括帮助企业制定发展战略、进行战略布局等,确

---

① 数据来源:2019年5月10日,广东省统计信息网(http://www.gdstats.gov.cn/tjsj/gdtjnj/)。

保初创企业能够实现成长和扩张。

美国是天使投资和风险投资的发源地,风投市场的发展极大激励了美国创新创业和企业家精神的成长,助其成长为最具创新活力的国家。从国际私募股权(Private Equity International)发布的全球私募股权机构排名(该排名以各机构的募资数量作为指标)来看,①全球前10名中美国独占8席。从上榜的前50名来看,私募成长型基金(中国)公司[Inventis Investment Holdings(China)Ltd.]名列第22位,瑞士合众集团(Partners Group)排在27位,中国香港的骏麒投资(Affinity Equity Partners)和RRJ投资管理有限公司(RRJ Capital)分别排在第36和第42位。粤港澳大湾区内部的香港、深圳和广州等城市的私募股权投资机构数量均处在国内前列,这有助于粤港澳大湾区科创中心的发展。

近年来,新一轮科技浪潮席卷全球,新兴科技企业抓住时代机遇迅速成长起来。独角兽企业指的是成立不超过十年,且尚未上市,估值超过十亿美元的初创企业。独角兽企业的出现一方面需要行业领先的科学技术作为基础,另一方面需要外部宽松的市场环境给予其舒适自由的企业成长空间。独角兽经济是创新经济的代名词,同时也反映了未来新兴产业的发展方向。独角兽企业集聚的区域,往往是创新创业要素聚集和市场最具活力的区域。纵观本轮科技新企业诞生发展的过程,独角兽企业不仅出现在欧美发达国家,中印等新兴市场国家和地区也涌现出了一大批优秀企业,这一现象令人欣喜。

根据德勤2017年发布的《中美独角兽研究报告》,②截至

---

① 2019年5月10日,https://www.privateequityinternational.com/database/#/pei-300。

② 2019年5月10日,https://www2.deloitte.com/content/dam/Deloitte/cn/Documents/deloitte-private/deloitte-cn-cvinfo-china-us-vc-pe-companies-report-zh-170906.pdf。

2016年中，美国拥有独角兽数量共106家，中国拥有独角兽企业98家，瑞士和日本分别拥有独角兽企业2家和1家（见图1-9）。中国独角兽企业数量占世界总量的比例接近40%，名列全球第二，仅次于美国。中国成为独角兽企业数量排在世界前列的唯一发展中国家。日本和瑞士在全球高科技领域仍然有强大的实力，但因为国内市场规模有限和市场活力不够，独角兽企业的数量较少。

根据2017年《中国独角兽企业发展报告》，[①] 粤港澳大湾区共有独角兽23家，占全国独角兽企业数量约为四分之一。粤港澳大湾区内部的独角兽企业主要集中在深圳、香港和广州，其中深圳14家，香港4家，广州3家，东莞和珠海各1家。

独角兽企业的诞生需要一定的外部条件。第一，宽松的市场环境和充满活力的市场氛围。发达国家经济增长率低于新兴国家，这一定程度上不利于创新活动。第二，完善的基础设施和营商环境对于企业的成长十分重要。对经济落后国家而言，基础设施的匮乏、低效的市场、不完备的制度体系等都有可能阻碍独角兽企业的诞生。中国作为经济体量世界第二的发展中国家，正好处在一个经济快速发展和社会深化改革的时期，较之于其他发达国家和落后国家有独特的发展优势。

粤港澳大湾区历来是中国改革开放的先头阵地，市场制度比较完善，市场环境充满生机和活力。广州拥有良好的营商环境和充满活力的民营经济，年轻的移民城市深圳对创业者有着巨大的吸引力，香港则拥有明显的国际化优势。作为"一带一路"桥头堡的大湾区，背靠祖国广阔市场，外瞰新兴的东南亚

---

① 2019年5月10日，http://upload.stcn.com/2018/0323/1521772275707.pdf。

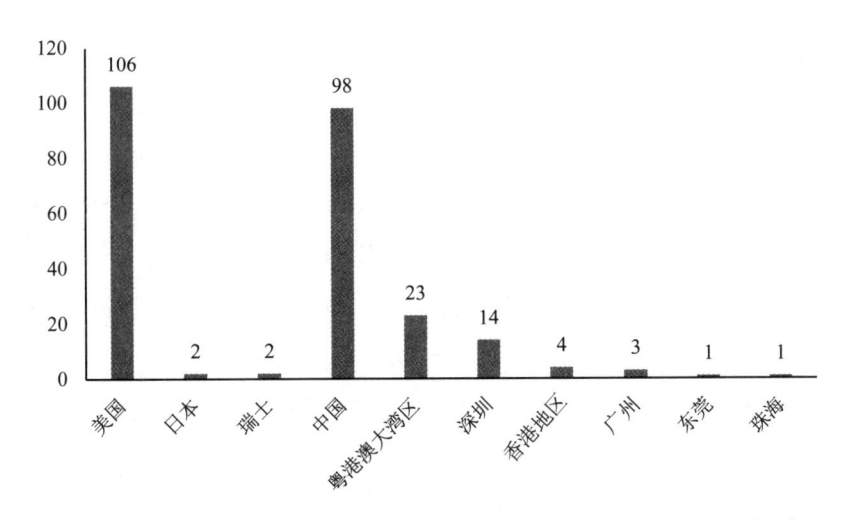

图1-9 各国或地区独角兽数量（家）

数据来源：2017年《中美独角兽研究报告》和《中国独角兽企业发展报告》。

市场，市场前景广阔。粤港澳大湾区内出现了大量独角兽企业，这也体现了其科技创新中心的潜力和发展前景。

五 开放程度和营商环境

（一）开放程度

对外开放程度是影响区域创新能力的重要因素，对外开放带来的人才多元化、思想的多元碰撞等都将对科技创新带来影响。美国之所以成为世界创新强国，不仅仅在于自己国内培养了一大批优秀的科研人才，更为重要的是，凭借其在高等教育上的优势和优厚的科研条件，美国吸收了一大批其他国家或地区的科研人才。许多学生在本国完成高中或本科教育，到美国完成研究生教育，随后就留美工作，这样实际上是其他国家对美国的科研人才培养进行了大量的"补贴"。瑞士有四种官方语言，人口中25%是外国人，近30%的人口出生在其国境之外,是一个不折不扣的移民国家。瑞士在国际上始终保持着一个开放多元、和平友好的国际形象,吸引着来自世界各地的国际科研人才。瑞士也积极参加国家多边合作的研究项目,主动融入国际科研合作体系,实现互利共赢。瑞士经济学会发布的全球化指数排名报告《2018 KOF Globalisation Index》显示,① 瑞士以 89.70 的得分排名第 3,美国以 79.95 的得分排名第 24,日本以 77.30 的得分排名第 35,中国香港以 68.53 的得分排名第 59,中国内地以 61.23 的得分排名第 87(见图 1-10)。

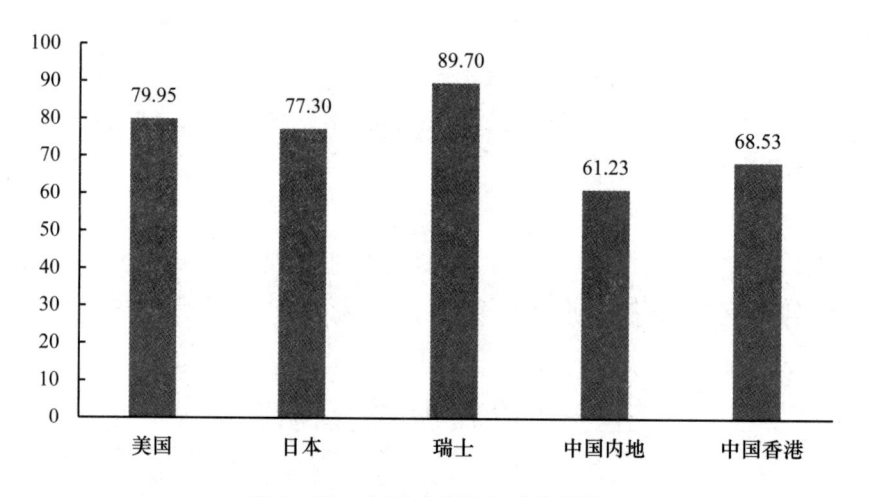

图 1-10 各国或地区全球化指数

即使目前全球笼罩着贸易战的阴云,但长期来看,全球化的趋势依然不可阻挡。中国要借鉴其他国家的发展经验,提高对国际科研人才的吸引力。首先要从加强科研基础做起,重点建设一批具有世界一流水平学术能力和科研声誉的科研机构和大学,加强国际宣传;保障科研经费的供给,置办高质量的科研设备和科研器材,提供优良的工作环境和工作条件,以科研

---

① 2019 年 5 月 10 日,https://www.advantageaustria.org/zentral/news/aktuell/Globalisation_ Ranking_ 2018.pdf。

资源吸引科研人才。然后要做好人才的生活保障工作，落实人才住房、落户、子女教育、医疗等配套政策，使科研人员的生活与工作没有后顾之忧。作为全球化程度较高的地区，粤港澳大湾区立志要成为世界级的科创中心，成为全球科创标杆，吸引全球的创新要素。大湾区是中国改革开放的先锋阵地，未来的大湾区要继续保持主动开放的姿态，更好地把握世界创新趋势，融入世界创新发展。

（二）营商环境

营商环境会直接影响到企业在申请设立和日常经营过程中的各个方面，良好的营商环境能显著地降低交易成本，从而增加地区的创新活力。世界银行《2018营商环境报告》对世界各国和地区按照营商便利度进行了排名，[①] 开办企业便利度排名由它们距离前沿水平的分数[②]排序决定。这些分数为其构成指标的距离前沿水平的分数的平均值。其中中国香港排第5名，美国排第6名，瑞士和日本分别排在第33和第34名，中国内地排第78名（见图1-11）。报告中的指标涵盖了：开办企业、办理施工许可证、获得电力、登记财产、获得信贷、保护中小投资者、纳税、跨境贸易、执行合同和办理财产。

粤港澳大湾区经济起飞初期源于很好地利用了外部投资，珠三角地区从简单技术加工产品起步，逐步发展成为可以生产大量高新技术产品的"世界工厂"。而由于劳动力成本上涨等因

[①] 2019年5月10日，http://chinese.doingbusiness.org/content/dam/doingBusiness/media/Annual-Reports/English/DB2018-Full-Report.pdf。

[②] Distance to Frontier (DTF) "前沿水平"反映了《营商环境报告》所包含的所有经济体在每个指标方面（自该指标被纳入《营商环境报告》起）表现出的最佳水平。每个经济体与前沿水平的距离以从0到100的数字表示，其中0表示最差表现，100表示前沿水平。

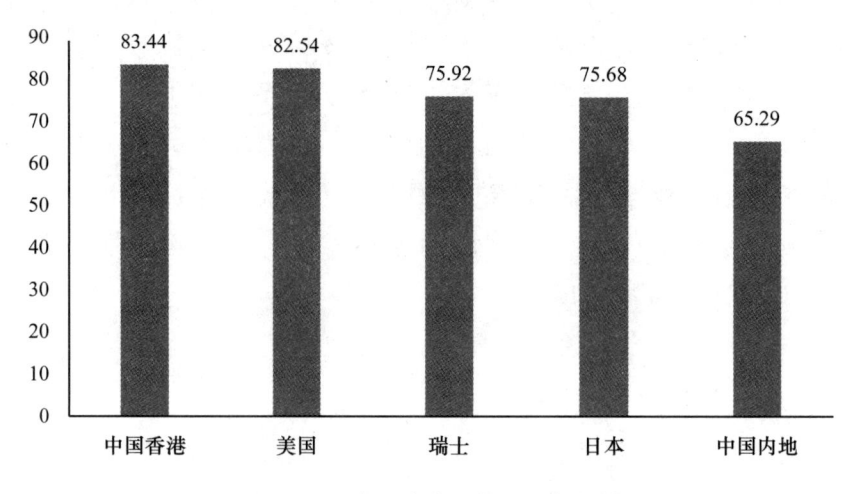

图 1-11　各国或地区前沿距离分数

素，未来大湾区要想继续保持对外资的吸引力，就得提高自己的"软实力"，进一步废除不合理的制度，改善营商环境，提升城市管理水平。

第二章
粤港澳大湾区科技创新的优势与劣势：基于我国三大科创中心的比较

一 引言

建设国际科技创新中心是粤港澳大湾区的核心任务。融合创新是驱动粤港澳大湾区经济持续增长的主动能，也是产业转型升级的关键。粤港澳大湾区的融合创新发展战略，既要结合粤港澳大湾区的产业发展禀赋和比较优势，也要立足产业全球转移的经济规律。

当前，国际科技竞争空前激烈。尤其是中美经贸摩擦发生以来，我们更加意识到核心关键技术的重要性。只有在科技创新领域有所成就，才能掌握全球竞争先机和优势，以科技创新支撑现代化强国的建设。粤港澳大湾区建设国际科技创新中心，既要提出优势，即利用粤港澳大湾区全球制造业中心拥有的强大产业基础，实现产业技术应用创新能力提升；也要补齐短板，增强基础研究投入，实现原始创新能力的提升。

把握粤港澳大湾区的优势与不足是推动建设粤港澳大湾区国际科创中心的前提和基础。本部分的侧重点是对比我国三大科创中心。2014年习近平总书记视察北京时提出北京要坚持和强化首都全国科技创新中心的核心功能；2016年5月中共中央国务院印发了《国家创新驱动发展战略纲要》，明确提出将北京和上海建设成为具有全球影响力的科技创新中心；作为全国改革开放的排头兵，珠三角地区也在积极建设科技创新中心，2017年7月1日签署的《深化粤港澳合作推进大湾区建设框架协议》首次提出建设粤港澳大湾区国际科技创新中心。以京津冀、长三角、珠三角为基础的三大科技创新中心成为我国创新强国的三个支柱。本部分通过横向比较国内三大科创中心，探究粤港澳大湾区科技创新的优势与不足，从而对粤港澳大湾区未来科创中心的发展有更清晰的认识，对建设粤港澳大湾区科创中心提供参考。

二 比较指标体系构建

目前，国内外众多学者从多层次、多角度建立了创新指数评价指标体系，包括国家层面的《全球创新指数报告》《国家创新指数报告》等，以及地区层面的《中国区域创新能力监测报告》《中国区域创新能力指标体系》等（见附表）。但是，上述报告仅从国家和区域层面构建创新指数评价指标体系，无法聚焦国内三大科技创新中心，尤其是少有评级指标体系将香港纳入其中。本部分通过参考国际国内权威指标体系，在考虑数据可得性的基础上，根据三大科技创新中心特点，构建评价指标体系如表2-1所示，其中包括3个一级指标，14个二级指标。

三 科创中心创新现状的比较与分析

（一）创新环境

创新环境指孕育科技创新和发展科技创新的土壤，包括科技

表2-1 三大科创中心评价指标体系

一级指标	二级指标	三级指标
创新环境	文化多元性	外来常住人口占比
	年龄结构	65岁以上人口占比
	教育结构	大专以上学历人口占比
	知识产权保护	高等理工院校在校生数占比
	创投资金	知识产权保护指数
	政府效率	投资数量
		投资金额
		营商环境
		政商关系
创新投入	R&D经费	R&D经费投入总量
	高校数目	R&D经费投入强度
	两院院士	QS2019高校数目
	设施设备	中国科学院院士
		中国工程院院士
		国家级重点实验室
		国家工程技术中心
创新产出	论文发表数	国内论文数
	专利数	SCI论文数
	独角兽企业数	国内专利申请量
	技术合同成交数	国内专利授权量
		PCT专利申请量
		独角兽企业数量
		技术合同成交数目
		技术合同成交额

创新投入前的基础环境，如文化多元性、年龄结构、教育结构等，以及科技成果产生后的发展环境，如知识产权保护、政府效率等。

1. 文化多元性

城市的文化多元性和开放程度越高,越可能萌生创新的理念和思想,越容易创造和谐、包容的文化氛围。如图2-1所示,从外来人口总量来看,上海拥有最大规模的外来人口群体,总量高达980.2万人。但根据外来常住人口占比可知,深圳常住人口中高达67.71%的部分属于外来人口,远高于其他地区外来人口占比。整体而言,粤港澳大湾区的文化更多元,城市外来人口可以为粤港澳大湾区带来新思想和新观念,不同文化在碰撞和交流的过程中更易激发创新。

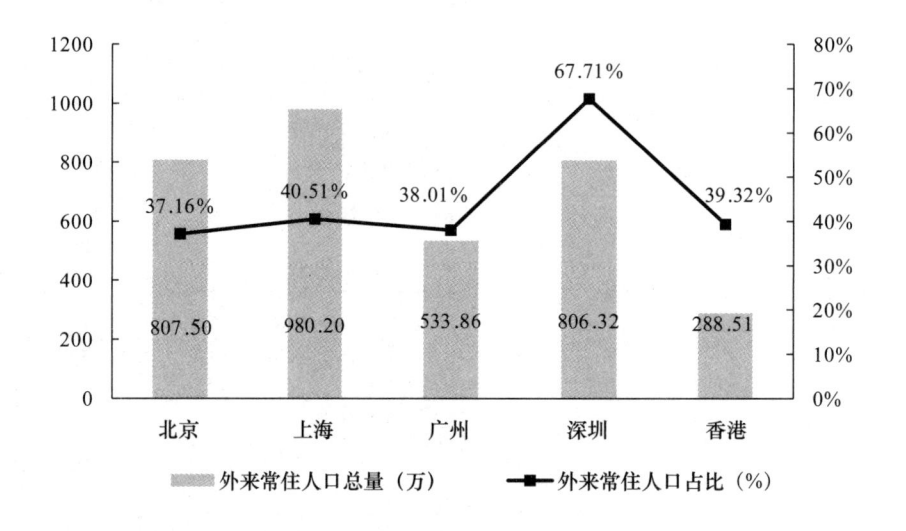

图2-1 2016年各地区外来人口总量及占比

注:广州和深圳由于外来常住人口具体数据无法获得,表中数据为常住总人口数减去户籍人口数。由于户籍人口中存在一部分非常住人口,因此数据在一定程度上被低估。香港外来常住人口占比是指出生地非香港的居住人口占居住人口总数的比例。

数据来源:各市2017年统计年鉴、香港2016年中期人口统计。

2. 年龄结构

地区年龄结构对科技创新活力具有一定影响。《老龄化如何影响科技创新》一文研究表明,老龄化对科技创新水平有显著的负效应，而且老龄化对人力资本积累有显著的负影响，因此老龄化通过人力资本积累来影响科技创新水平。根据1956年联合国《人口老龄化及其社会经济后果》确定的划分标准，当一个国家或地区65岁及以上老年人口数量占总人口比例超过7%时，则意味着这个国家或地区进入了老龄化。如表2-2所示，通过比较京沪广深港五地65岁以上人口占比可以看出，上海65岁以上人口占比最高，达到20.6%，将为科技创新发展带来巨大压力。除深圳以外，其他城市老龄人口占比都超过7%，均已进入老龄化社会。粤港澳大湾区人群相对年轻，年龄结构的年轻化更加有利于人力资源的积累，从而促进科技创新的发展。

表2-2　　　　　　　　各地区65岁以上人口占比

广州	深圳	香港	北京	上海
7.90%	3.27%	15.90%	10.50%	20.60%

数据来源：深圳统计公报、广州市2015年全国1%人口抽样调查主要数据公报、北京统计年鉴、2016年上海市老年人口和老龄事业监测统计信息、香港政府统计处。

3. 教育结构

地区的教育结构能反映当地的人力资源整体水平。如图2-2所示，从教育结构看，北京大专以上学历人口比重最高，接近总人口的一半。一方面，北京拥有众多高校，自身人才储备丰富。同时，北京作为全国政治中心，丰富的资源也吸引了大量的高素质人才。因此，北京在创新人才储备方面具有明显优势。此外，香港和上海人口受教育程度均为32%左右。而广州和深圳大专以上学历人口占比仅为五分之一左右。整体而言，粤港澳大湾区人口平均受教育程度较低，科技人力资源储备不足。

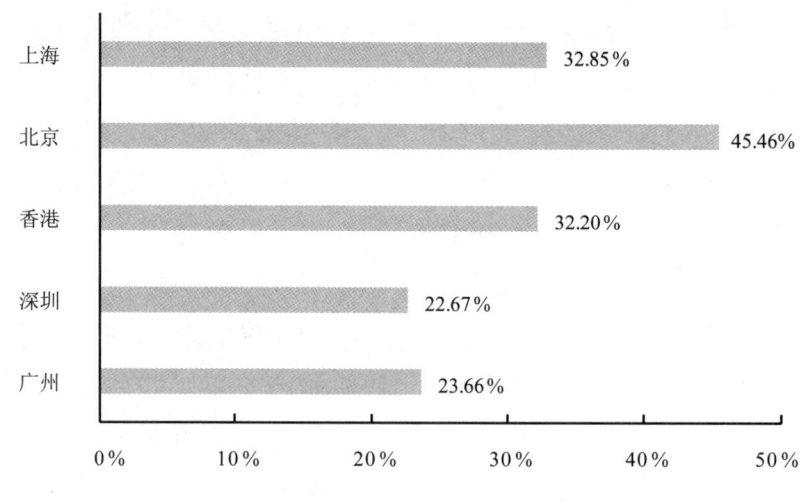

```
上海    32.85%
北京    45.46%
香港    32.20%
深圳    22.67%
广州    23.66%
```

图 2-2 大专以上学历人口占比

数据来源：2016 年全国人口变动情况抽样调查样本数据、香港综合住户统计调查、广州市 2015 年全国 1% 人口抽样调查主要数据公报、深圳市 2015 年全国 1% 人口抽样调查主要数据公报。

此外，广东省理工科发展较为落后。据统计，2016 年全省理工科高校只有 33 所，占全省高校总数 23.4%，低于 35% 的全国平均水平，理工类学生占全省学生总数的 33.6%，低于 40% 的全国平均水平。[①] 如图 2-3 所示，从高等理工院校在校生数占比看，广东与京沪港地区同样存在较大差距。而大湾区内另一城市香港在理学科、工程科和科技科教育方面较好，STE 人数占比高达 37%。

4. 知识产权保护

完善的知识产权保护制度能起到激励创新活动的作用，是维护良好创新环境的关键因素，科技创新发展较好的地区在知识产权保护方面均具有突出表现。如表 2-3 所示，根据《2016

[①] 《中共广东省委、广东省人民政府关于加强理工科大学和理工类学科建设服务创新发展的意见》，中共广东省委文件，2016 年 1 月 1 日，http://zlgc.zsc.edu.cn/zlgc/zcwj/resource/1cpbc1etoqjkf.pdf。

年中国知识产权发展状况评价报告》,广东、北京、上海知识产权综合发展指数名列前三位。该报告选取创造、运用、保护和环境作为一级指标。其中,知识产权保护包括司法保护、行政保护和保护效果三个方面。从知识产权保护指数看,保护发展指数高于80的第一梯队只有广东一个地区,上海、北京均位于第二梯队。

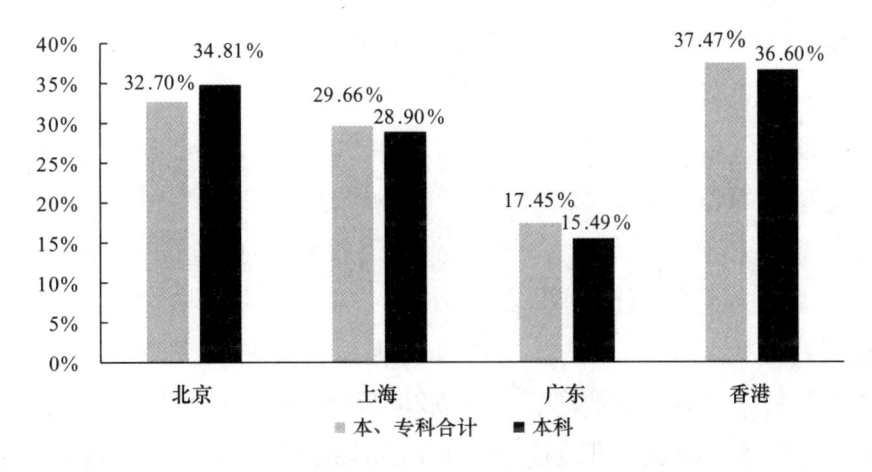

图 2-3 高等理工院校在校生数占比(2016)

注:其中香港数据按"人数"和"相当于全日制人数"分类。"人数"是指在不考虑修课模式(即全日制或兼读制)情形下,简单计算的数目。相对而言,当学生有可能分别修读全日制或兼读制课程时,"相当于全日制人数"是指经模拟计算而得出相应可比的学生数目。

数据来源:中国教育统计年鉴、香港大学教育资助委员会。

表 2-3　　　　　　　各地区知识产权保护指数

	知识产权保护指数
广东	80.05
上海	71.64
北京	70.56

数据来源:《2016年中国知识产权发展状况评价报告》。

尽管在《2016年中国知识产权发展状况评价报告》中没有对香港地区知识产权保护现状进行分析。但是，在香港市民保护知识产权意识调查中，2016年，93.9%的15岁以上受访市民了解香港的知识产权法律。说明香港知识产权保护处于较为领先的地位。香港在知识产权领域具有多重优势。综上所述，粤港澳大湾区整体知识产权保护表现较好，为科技成果的产生和转化提供了良好的环境。而北京和上海在知识产权保护方面与粤港澳大湾区相比还有待提升，整体表现较弱。

5. 创投资金

创投资金的分布反映了地方创新的活跃度，创投资金集中分布的区域也更容易激励创新行为的产生。如表2-4所示，创投资金集中分布在北京，约占全国创投资金总量的三分之一。而粤港澳大湾区城市创投资金分布较少，说明粤港澳大湾区科技创新活跃度不高，对创投资金的吸引力不强。尤其是香港地区，2017年创投资金总额仅为228.58亿元，投资数量仅有40起。"香港不缺钱，但创业者却找不到钱。"作为一个国际金融中心，香港存在多种不同类型的资产，但香港的机构投资者大多关注二级市场，而对初创企业投资较少。在创投市场，香港没有完整的创投产业链，使得很多科技成果很难在香港本地商业化，无法享受科技创新带来的红利。

表2-4　　　　　　　　　创投资金地区分布

	投资金额（亿元）	投资数量（起）
北京	4274.45	3190
上海	3007.29	1777
深圳	844.98	1186
广州	816.92	472
香港	228.58	40

数据来源：清华科技研究中心。

6. 政府效率

政府作为国家管理者和政策执行者，其工作效率对科技创新的发展具有重要影响。地方政府效率越高，行政耗时和行政成本越低，科技创新的成本就越低。营商环境是指伴随企业活动整个过程（包括从开办、营运到结束的各环节）的各种周围境况和条件的总和。就具体指标而言，开办企业时的行政审批流程对科技创新具有重要影响。根据世界银行发布的《营商环境报告》，其中开办企业这一指标记录一位企业家要开办并正式运营一个工业或商业企业时，官方正式要求或实践中通常要求的所有手续，完成这些手续所需的时间和费用，以及最低实缴资本。如表2-5所示，从统计结果可知，香港在开办企业时所需的程序、时间和成本最少，远低于其他三个地区。相较而言，京沪地区开办企业程序较为复杂，所需成本较高，繁复的行政审批程序将增加开办企业成本，对企业积极性可能产生不良影响。

表2-5　　　各地区开办企业程序、时间、成本

	香港	广州	深圳	北京	上海
程序（个）	2	13	—	14	14
时间（天）	1.5	28	32	37	35
成本（占人均国民收入的百分比）	1.1	6.3	5.6	3.2	4.8

数据来源：世界银行《营商环境报告》、粤港澳大湾区研究院《2017年中国城市营商环境报告》。

此外，科技创新离不开企业和政府的相互协调配合。如表2-6所示，根据《中国城市政商关系排行榜2017》可知，深圳市在培育健康良好的政商环境方面表现优异，相较而言，广州政商关系指数较低。

表2-6　　　　　　　　各地区政商关系指数

	政商关系指数
深圳	98.48
上海	96.27
北京	88.50
广州	88.37

数据来源：中国人民大学国家发展与战略研究院政企关系与产业发展研究中心：《中国城市政商关系排行榜2017》。

综上所述，从粤港澳大湾区内城市来看，广深港三地营商环境均表现较好，为初始企业的设立创造了良好的营商环境。

（二）创新投入

1. R&D 经费

R&D经费是科技创新的基本要素，如图2-4所示，根据R&D经费投入比较可知，北京R&D经费投入总量最大，投入强度也最高，达到发达国家水平。同时，深圳R&D经费投入总量虽然不及上海，但是R&D经费投入强度高于上海，达4.32%，说明了深圳地区对研发投入的重视。广东地区历来在研发投入方面都保持领先地位，其中深圳则是省内各市的领头羊，在研发投入方面远高于其他地区。相反，香港R&D经费投入总量较低，R&D经费投入强度不及全国平均水平（2.2%），这与科研经费无法跨境使用密切相关。整体而言，粤港澳大湾区在研发投入总量和强度方面不及北京、上海，尤其是香港地区研发经费投入远低于全国平均水平。

从R&D经费执行部门看，三大科创中心呈现出明显的差异。如图2-5所示，北京R&D活动主体为科研机构和高校，占比约为60%。与其他地区相比，企业创新活力不足。上海R&D活动主体分布较为均匀，约50%的R&D活动由企业执行。

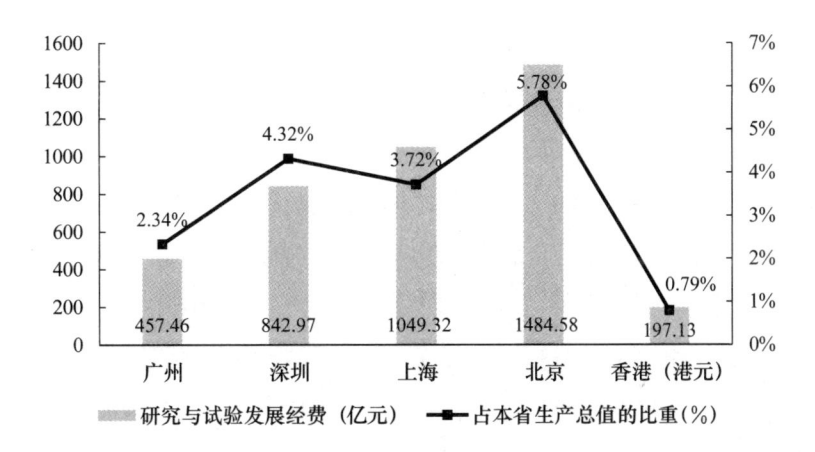

图 2-4　各地区研发经费总量和研发投入强度

数据来源：广东科技统计、《上海科技统计年鉴 2017》、《北京统计年鉴 2017》、香港政府统计处。

粤港澳大湾区科技创新活动由企业主导，其中深圳的企业 R&D 活动占比高达 90% 以上，几乎所有的研发活动都由企业部门进行。整体而言，粤港澳大湾区 R&D 经费更倾向于投入企业进行试验发展，企业在科技创新中扮演了重要角色。上海同样以企业作为研发主体，而北京则更加注重基础研究和应用研究。

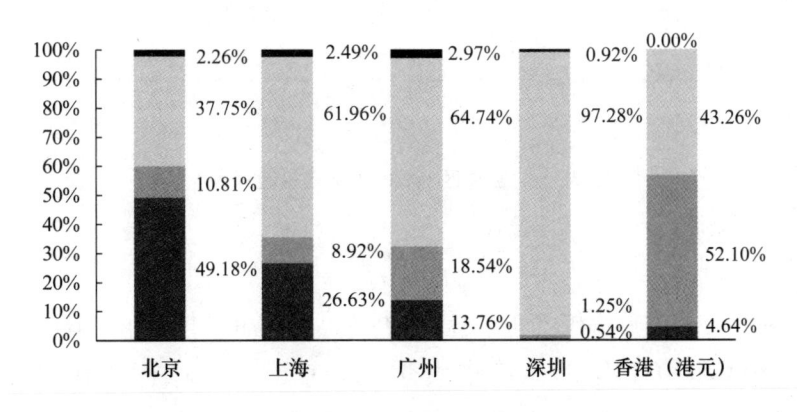

图 2-5　各地区研发经费使用部门分布

数据来源：《广东省统计年鉴 2017》、《上海科技统计年鉴 2017》、《北京统计年鉴 2017》、香港政府统计处。

2. 高校数目

地区高校的发展能为当地吸引人才，积累人力资本，为科技创新人才的培养提供了沃土。如图2-6所示，根据全球高等教育研究机构QS（Quacquarelli Symonds）发布的2019年版QS世界大学排名高校数目统计，北京在高校数目上拥有绝对优势，上榜高校数达到11所。正如前文所知，北京R&D活动的主体是研发机构和高校，这与北京众多的高校是分不开的。与之相反，深圳没有任何一所高校进入QS2019年前1000位。从前文可知，深圳大专以上学历人口占比为22%左右，不及其他四个地区。这与深圳缺乏高校，丧失培养人才的基础密切相关。尽管深圳地区缺乏高校，但近年来虚拟大学园的发展也为深圳弥补科技创新短板带来了新的机遇。

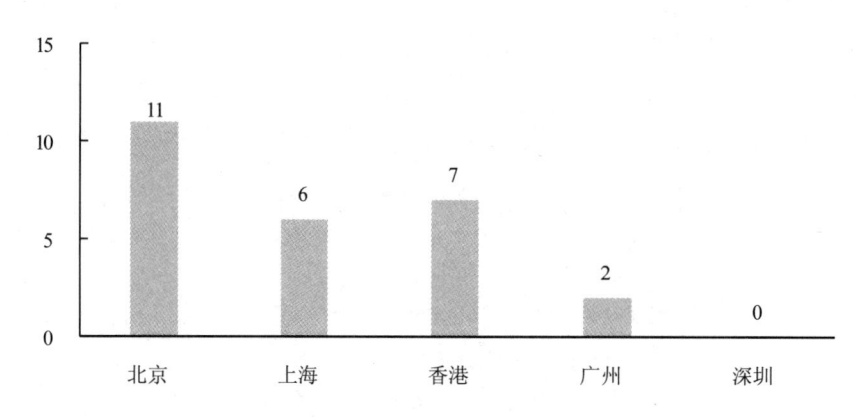

图2-6 各地区QS2019年高校数（所）

数据来源：QS世界大学排名。

根据《中国高校产学共创排行榜》可知，位于前20强的高校中有3所位于北京（清华大学、北京大学、中国人民大学），1所位于上海（上海交通大学），1所位于广州（华南理工大学）。同时根据中国高校专利授权数统计，获得专利最多的10所高校中，有3所位于北京（清华大学、北京航空航天大学、北京工业大学），1所位于上海（上海交通大学），1所位于广州

(华南理工大学)。综上所述，北京高校在产学研合作以及科技创新成果产出方面具有强劲实力。

整体而言，北京拥有最顶尖的大学资源，上海次之，粤港澳大湾区内部仅香港拥有一定数量的顶尖大学，其他地区实力较弱，整体资源分配不均。

3. 两院院士：顶尖科研团队扎堆北京、上海

"两院院士"是对中国科学院院士和中国工程院院士的统称，代表了中国科学研究的顶尖力量，将有力地引导和推动当地科技创新的发展。如图 2-7 所示，根据中国科学院和中国工程院院士工作单位分布可知，北京地区在科研尖端人才的分布上具有明显优势，占据全国院士总量的 50% 以上。而粤港澳大湾区拥有院士资源较少，顶尖科研力量缺乏，对于接受先进科研理念和科研方法具有一定的局限性。

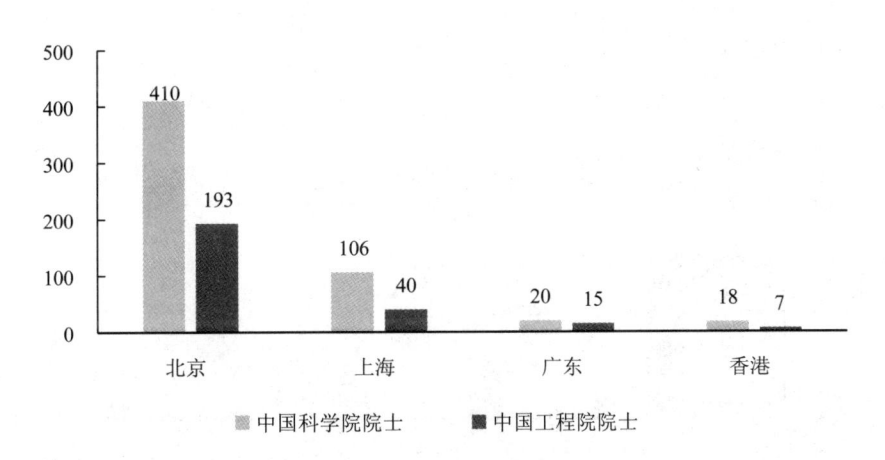

图 2-7 各地区两院院士分布（人）

数据来源：中国科学院官网、中国工程院官网。

4. 国家级实验室 & 国家工程技术中心

先进的设施设备是科技创新实现与发展的重要基石。国家重点实验室和国家工程技术研究中心作为国家科技创新体系的重要组成部分，是国家组织高水平基础研究和应用基础研究、聚集和培养优秀科学家、开展高层次学术交流的重要基地。国家重点实验室的分布一方面有利于增强地区基础科研实力和原始创新能力,推动基础研究和应用研究的发展,另一方面也有利于促进企业成为技术创新主体、提升企业自主创新能力、提高企业核心竞争力,加强科技与经济结合、促进科技成果转化。如图2-8所示,通过比较可知,北京拥有最多的国家重点实验室和国家工程技术中心,约占全国总量的25.6%和17.7%。而粤港澳大湾区拥有的国家重点实验室和国家工程技术中心较少,缺乏尖端的设备将阻碍科技创新的发展。目前深圳已和香港达成共识,在落马洲河套地区共建"港深创新及科技园"。深圳将新建一批国家级实验室、重点实验室、工程研究中心,加强深港高等院校产学研联动,推动香港高校在河套地区设立分校、科研中心及产业化基地,推动科研成果在区内产业化。

地区	国家级重点实验室	国家工程技术中心
北京	116	64
上海	43	22
广东	26	23
香港	16	6

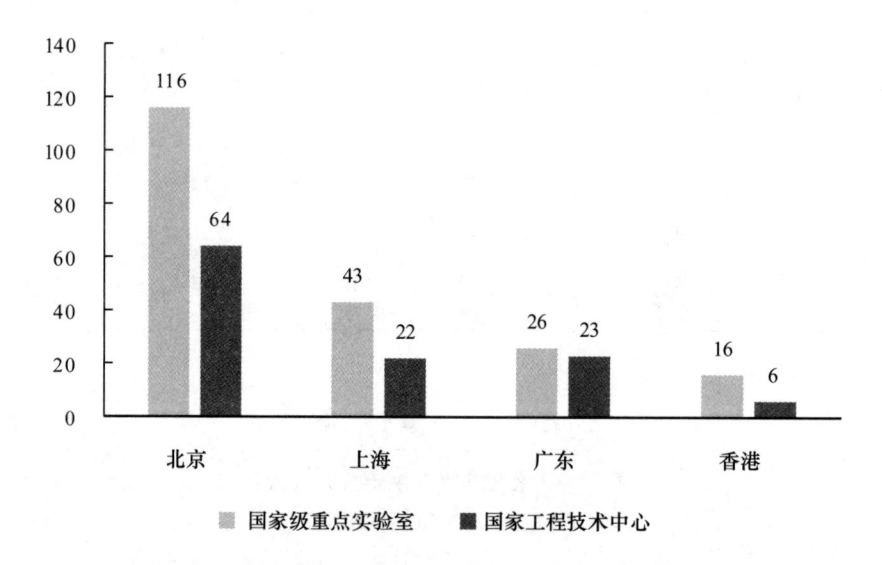

图2-8 各地区国家级重点实验室和国家工程技术中心分布

数据来源:《2016年企业国家重点实验室年度报告》《2016年国家重点实验室年度报告》《2016年省部共建国家重点实验室年度报告》《2016年国家工程技术研究中心年度报告》《深圳统计年鉴2017》。

（三）创新产出

1. 发表论文数

论文发表数目可以衡量一个地区基础研究实力，如图 2-9 所示，无论是从国内论文发表数还是 SCI 国际论文数看，北京都拥有最强的基础研究实力。广东和上海国内论文发表数目大致相同，但上海 SCI 论文发表数高于广东地区。相较而言广东地区论文发表数目最少，基础科研实力较弱。

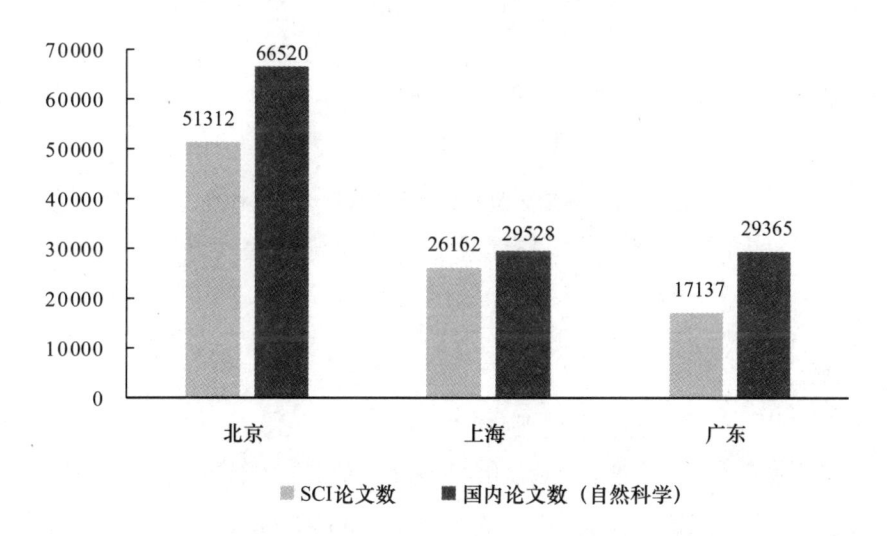

图 2-9 各地区 SCI 论文和国内论文发表数（篇）

数据来源：科技部中国科技信息研究所。

2. 专利数

专利申请量和专利授权量是衡量一个地区科技创新产出最直接的指标。如图 2-10 所示，从国内专利数量看，北京在国内专利申请和专利授权量上具有明显优势，且发明专利占比高达 55%，说明专利质量较高。粤港澳大湾区次之，其中深圳表现最佳。从专利申请者来源看，企业尤其是大中型企业，是深圳市专利申请和获授权的主体。截至 2016 年底，企业作为专利权人的专利（职务发明）占申请总量的95.2%，该比重远高于全国平均水平。上海专利产出水平相对较低，但发明专利占比达45%。

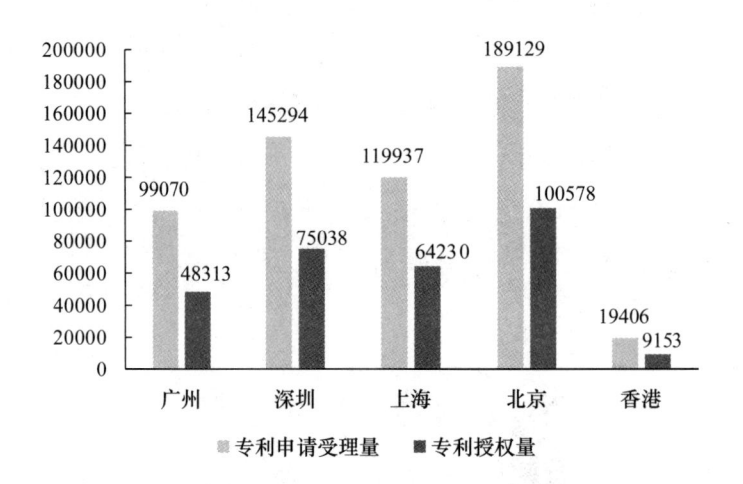

图2-10　各地区国内专利申请量和专利授权量

注：其中香港专利数量包括在香港申请及授予和在内地申请及授予数量的合计。

数据来源：各地统计年鉴、《上海科技统计》、《香港——知识型经济统计透视》。

国际专利申请数可以衡量地区在国际知识产权市场的发展状况。PCT是《专利合作条约》（Patent Cooperation Treaty）的英文缩写，是有关专利的国际条约。根据PCT的规定，专利申请人可以通过PCT途径递交国际专利申请，向多个国家申请专利，其主要目的在于，简化以前确立的在几个国家申请发明专利保护的方法，使其更为有效和经济，并且有益于专利体系的用户和负有对该体系行使管理职权的专利局。只有发明专利、实用新型可以通过PCT申请专利，外观设计不能通过PCT途径获得保护。如图2-11所示，根据PCT专利申请数目看，粤港澳大湾区表现突出，其中深圳2016年PCT专利申请量达到19648件，占据绝对领先地位。据统计，截至2016年，深圳PCT申请量连续13年全国第一，约占全国总量的一半。PCT申请量一方面反映了专利在国际市场的重要地位,另一方面由于外观设计无法申请 PCT 专利,说明 PCT 专利由发明和实用新型构成,含金量较高,能更加真实地反映地区科技创新能力。

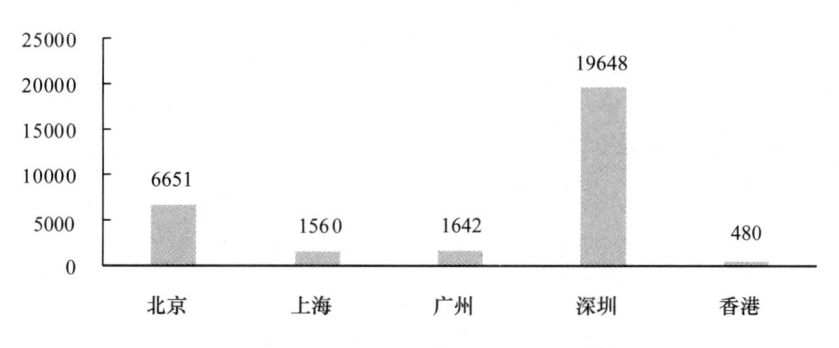

图 2-11　各地区 PCT 国际专利申请量

数据来源:2016 年专利统计年报。

3. 独角兽企业数:香港初创企业落地少,科技成果难以商业化

独角兽企业的空间分布高度集中,其富集程度已经成为衡量区域创新生态发育程度的重要表征。如图 2-12 所示,根据

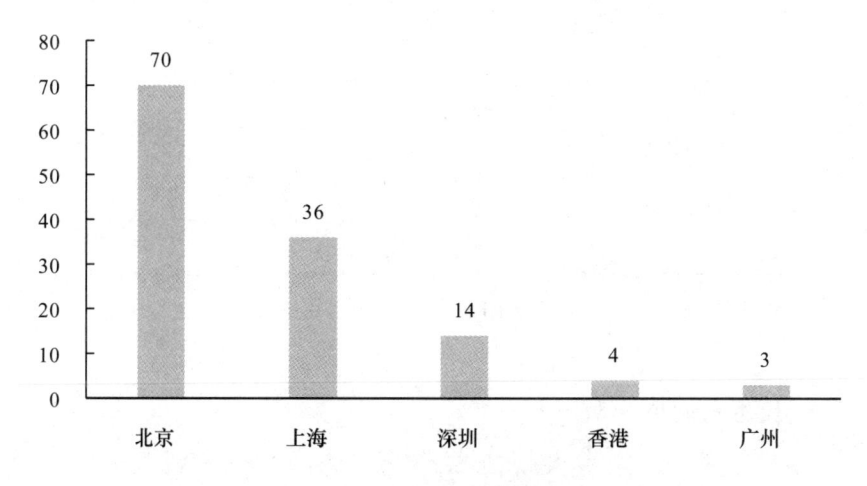

图 2-12　独角兽企业地区分布

数据来源:科技部:《2017 年中国独角兽企业发展报告》。

独角兽企业地区分布可知，北京拥有数目最多的独角兽企业，上海次之，而粤港澳大湾区独角兽企业相对较少，根据统计可知，粤港澳大湾区独角兽企业23家，占总企业数量14%，共估值659.85亿美元，占总估值10.5%。

如表2-7所示，从独角兽企业行业分布看，北京覆盖行业较广，以商业模式创新和技术创新为主，且文化创意产业发达；上海侧重于商业模式创新，多为互联网+企业；深圳则更注重技术创新，尤其是智能硬件领域的创新优势格外明显；香港侧重电子商务、互联网金融领域；广州关注生活领域创新。

表2-7   各地区代表性独角兽企业及分布行业

地区	代表性企业	代表性行业
北京	滴滴出行、小米、美团点评、今日头条、借贷宝、京东金融	电子商务、互联网金融、文化娱乐、新媒体、互联网教育
上海	陆金所、平安医保科技、金融壹账通、饿了么、平安好医生	电子商务、互联网金融、新能源汽车、物流、大健康
深圳	菜鸟网络、微众银行、优必选科技、聚腾讯云、柔宇科技、丰巢科技、房多多、越海全球供应链、奥比中光、碳云智能	物流、智能硬件、互联网金融、人工智能
香港	万达电商、富途证券、LALAMOVE拉拉快送、我来贷	电子商务、互联网金融、物流
广州	橙型智能（小鹏汽车）、要出发、360健康	新能源汽车、旅游、大健康

数据来源：科技部：《2017年中国独角兽企业发展报告》。

4. 技术合同成交数

技术合同，是当事人就技术开发、转让、咨询或者服务订立的确立相互之间权利和义务的合同。技术合同数和成交额的多少反映了科学技术商业化的成效和科学技术市场活跃度。如表2-8

所示,北京技术合同成交数和成交额均较高,反映了该地区技术转化水平较高。相较而言,广东地区整体技术合同成交量较少,科技市场活跃度不高。其中,深圳技术合同数和技术合同成交额约占广东省的一半以上,但仍然远低于京沪地区。

表2-8　　　　　各地区技术合同成交数目和成交额

	北京	上海	广东	深圳
合同数(项)	74965	21203	17480	9831
成交额(亿元)	3940.8	822.86	789.68	468.74

数据来源:各地区统计年鉴。

整体而言,北京科技市场活跃度最高,科技成果开发、转让等活动更多,而粤港澳大湾区内部城市表现较差,技术合同成交数远不及京沪地区。

四　粤港澳大湾区科技中心的优势及短板总结

通过对京沪广深港五个地区创新环境、创新投入和创新产出的比较,本部分总结出粤港澳大湾区在科技创新方面的优势及短板,主要包括以下方面:

(一)优势一:创新氛围浓厚,基础环境优越

粤港澳大湾区拥有良好的创新基础。首先从文化多元性看,广深地区外来人口众多,不同文化的交流和碰撞容易产生创新。同时粤港澳大湾区内也拥有香港这类国际大都市,对外文化交往亦十分密切。内外文化多元性使粤港澳大湾区拥有较高的包容度。其次从年龄结构看,相比京沪地区,粤港澳大湾区人口老龄化程度低,人群更为年轻化,使其拥有更加丰富的人力资源储备。

（二）优势二：知识产权保护和贸易处于领先地位

知识产权是科技创新的核心，粤港澳大湾区内部城市在知识产权保护和知识产权贸易中表现优异。一方面，广东省在知识产权保护人才培养和机构设置方面均有突出表现，加之香港拥有先进的法治理念，使得整个粤港澳大湾区知识产权保护成效显著。另一方面，香港发达的服务业为知识产权贸易提供了平台，逐步成为亚洲知识产权贸易中心。

（三）优势三：营商环境良好，利于创新企业开办

从开办企业的程序、时间、成本看，广深港地区均具有明显优势。简化的行政审批程序和较少的行政审批成本有利于吸引创新企业落地。同时，粤港澳大湾区内深圳政府在政商关系方面表现良好，为粤港澳大湾区创新的发展带来更多可能性。

（四）短板一：高等教育实力薄弱，理工类人才稀缺

科技创新的发展离不开科技人才的培养。无论从人群整体受教育程度还是高等院校数目看，粤港澳大湾区整体实力均落后于京沪地区。同时，理工类高校的缺乏也使得粤港澳大湾区基础科研力量薄弱，科技论文发表数相应较少。

（五）短板二：初创企业缺乏创投资金

从创投资金的分布看，粤港澳大湾区内创投资金远不及京沪地区。对于初创企业而言，资金链条缺乏将严重影响企业的发展，因而更多企业将倾向于落地创投资金集中的地区。粤港澳大湾区创投资金不足可能导致科技创新成果流失，初创企业无法在本地发展。从独角兽企业数量可以看出，粤港澳大湾区缺乏实力雄厚的初创企业，科技成果难以商业化。

（六）短板三：研发经费投入不足，缺乏顶尖科研力量

无论从研发经费投入总量还是投入强度看，粤港澳大湾区整体水平不及京沪。尤其是香港地区研发经费投入强度甚至不及全国平均水平。同时粤港澳大湾区内两院院士、国家级重点实验室及国家工程技术中心分布较少，顶尖科研人才和设施设备的缺乏将阻碍地区科技创新的发展。

五　政策建议：建立粤港澳大湾区科技创新合作机制

针对粤港澳大湾区在创新环境、创新投入、创新产出方面的短板，本部分提出如下政策建议：

（一）增强大学竞争力，提升湾区吸引力

科技人才的缺乏是粤港澳大湾区创新发展道路上急需解决的问题。首先，提升湾区内大学综合实力。大学是科技人才培养和孵化的重要基地，而粤港澳大湾区内大学整体实力薄弱。通过引进大学研究院，建立科研机构等方式，提升湾区内部自身教育实力。其次，增强湾区自身竞争力，鼓励企业出台人才培养方案，吸引更多的高端科技人才进驻，弥补科研力量缺失的短板。

（二）调动政企活力，加大研发投入

加大研发投入需要政府、企业共同发力，其中政府应当发挥引导作用，合理布局研发经费投入，企业则应当担负起创新主体的角色，将科技创新作为企业发展的重要战略。只有通过政府资金带动企业资金，才能使得科技创新迈向良性发展道路。

(三) 协调科技成果分配机制

粤港澳大湾区内部各城市之间如何协调配合,需要建立成果分配机制,解决人才外溢、技术外溢带来的影响,使得各地区各尽其能,各司其职,共同推动粤港澳大湾区科技创新的发展。

参考文献

［1］楚天骄、宋韬：《中国独角兽企业的空间分布及其影响因素研究》,《世界地理研究》2017年第6期。

［2］国家知识产权局知识产权发展研究中心：《2016年中国知识产权发展状况评价报告》,研究报告,2017年。

［3］中国人民大学国家发展与战略研究院政企关系与产业发展研究中心：《中国城市政商关系排行榜2017》,研究报告,2018年。

［4］世界银行：《营商环境报告》,研究报告,2018年。

［5］世界知识产权组织、康奈尔大学、英士国际商学院：《2016年全球创新指数报告》,研究报告,2017年。

［6］姚东旻、宁静、韦诗言：《老龄化如何影响科技创新》,《世界经济》2017年第4期。

［7］粤港澳大湾区研究院：《2017年中国城市营商环境报告》,研究报告,2018年。

［8］中国科学技术发展战略研究院：《国家创新指数报告2016—2017》,科学技术文献出版社2017年版。

［9］中华人民共和国科学技术部：《中国区域创新能力监测报告2016—2017》,科学技术文献出版社2017年版。

［10］中国科技发展战略研究小组、中国科学院大学中国创新创业管理研究中心：《中国区域创新能力评价报告2016》,科学技术文献出版社2016年版。

附表：

国内外创新评价指标体系汇总

报告名称	指标体系
《全球创新指数报告》	制度、人力资本和研究、基础设施、市场成熟度、商业成熟度、知识和技术产出、创业产出
《国家创新指数报告》	创新资源、知识创造、企业创新、创新绩效、创新环境
《中国区域创新能力监测报告》	创新环境、创新资源、企业创新、创新产出、创新效果
《中国区域创新能力指标体系》	知识创造、知识获取、企业创新、创新环境、创新绩效

第三章
公司层面创新影响因素的分析：
来自中国上市公司的实证研究

一 引言

自工业革命以来，技术进步极大地推动了生产力的发展，技术创新成为各国经济快速发展的根本驱动力。从19世纪的蒸汽机到20世纪初的电气化，再到20世纪70年代的自动化，技术变革解放了生产力，使工业实现了大规模、低成本生产，促进了经济飞速发展。当前，我们正处于技术进步的第四个浪潮中，以智能制造为目标、以新型数字工业技术为核心的"工业4.0"正使制造业和工业体系发生着极大的改变。

企业作为重要的创新主体，集研发与应用、创新与生产于一身，在"工业4.0"中扮演着重要的角色，而上市公司的经营规模、市场占有率等较大，进而创新投入和创新产出也相对较多。因此，研究并验证企业，特别是上市公司创新的影响因素就显得尤为重要。

Schumpeter（1912）在著作《经济发展概论》中，首次系统地提出"创新"的概念，他认为"创新"就是一种新的生产函数的建立，即将新的生产要素与生产条件相结合，并引入生产体系。具体包括五种类型的创新：制造新产品、采用新的生产方法、开辟新市场、获得新的上游供应源、新的管理组织形式，即产品创新、技术创新、市场创新、材料创新和组织创新。1960年，Walt Whitman Rostow在《经济成长阶段》提出"起飞"理论，将创新聚焦于发明创造和技术革新方面，即技术创新；20世纪70—80年代，经济学家将技术创新纳入新古典经济学的理论框架，提出新古典经济增长理论和内生经济增长理论，同时，学者也更加关注企业、集群间以及区域的信息网络在创新中的作用。

创新已成为经济增长的重要内在原动力，同时也是企业形成竞争优势的重要组成部分，探究企业创新的影响因素有助于企业提升创新水平，为企业创新提供有效路径。在公司治理层面，适度集中的股权结构、机构持股、员工持股、董事会中较高的独立董事占比以及风险投资的参与等均与企业技术创新呈正相关；而国有持股比例对企业创新有负向影响（冯根福，2008）。在企业内部，企业创新的两大驱动为研发投入和人力资本，研发投入对企业创新绩效的正向影响会随着企业规模的增长而逐渐增强（刘诚达，2019）；人力资本在企业创新中发挥越来越重要的促进作用，企业员工具有较高学历水平和学习能力，能快速掌握新技术，具有进一步学习并挖掘新知识的潜力（March J. G., 1991）；相较而言，具有高人力资本的员工对先进技术的学习深度更加深入（何兴强、欧燕，2014）；在管理者层面，管理者的人力资本水平（Ballot et al., 2001）及对研发的重视程度（Wincent et al., 2010）都显著影响企业创新；在创新活动中，也有学者（D'Este，2014）发现企业人力资本水平的提高可以降低企业参与创新活动的壁垒与成本；具体来看，人力资本的提升能促使企业更多采用新技术、促进R&D等创新投入的增加，资本密集度也会显著提升。

企业创新能力的差异，除了企业自身的差异外，企业外部的创新环境起着至关重要的作用。区域层面上，基础设施水平、市场需求、金融环境对企业创新能力有正向影响（章立军，2006），其中，人力资本水平仍对企业创新产出和组织有巨大的外部性，Enrico Moretti（2004）通过制造业企业的生产率来直接估计人力资本外部性，若存在外部性，则位于人力资本较高城市的企业产出更多；企业周围高校数量和质量对企业创新产出和创新效率均有正向影响（石惠敏，2019）。另外，区域内的财政补贴和税收优惠等政策及制度在新技术的研发阶段，通过促进研发投入等创新投入来推动企业创新，但在后期技术成果转化阶段缺乏持续影响力（李香菊，2019）；在我国现有环境下，提高知识产权保护执法力度可通过减少研发溢出的损失和缓解外部融资约束，进一步促进研发投入和专利产出的提高，进而提升企业创新能力（吴超鹏，2016）。

本章基于中国上市公司的数据，分析中国上市公司的创新现状及其创新影响因素。

二 中国上市公司创新现状

本节从创新投入和创新产出两方面来分析上市公司的创新现状。企业创新投入中最直接、有效和普遍的是研发投入，增加研发投入或研发强度可以为企业研究开发、实验验证、应用转化等基础性研发提供资金。企业创新产出是企业最终技术创新的结果，反映了企业的创新能力。

（一）创新投入：研发投入

企业研发分为研究和开发两个部分，研究是为了获得新知识，并利用新知识探索新技术、开发新产品等有计划地进行创造性调查、分析和实验的过程，是实验技术可行性并形成研究成果的阶段。开发是利用研究成果生产新产品的一系列过程，是实践新技术、将研究成果转化成新产品的阶段。企业研发活动代表了企业的投资倾向和发展策略,研发投入越高、研发投入强度①越大,表明企业越倾向创新战略,有较高创新能力和增长潜力。

2017年披露了研发投入数据的中国上市公司(包括香港上市公司和在香港上市的内地企业)共3226家,深圳证券交易所(下称"深交所")有1809家,占比最多,达56%;上海证券交易所(下称"上交所")有1017家,占比达32%;香港证券交易所(下称"港交所")有400家,占比约12%,其中271家是在香港上市的内地企业,仅有129家是香港上市企业(见图3-1-a)。按企业性质分,私营企业的数量最多,达1964家,占比达67.9%;国企数量为799家,占比达27.6%;而外企、其他企业分别仅有101家、30家,占比共4.5%(见图3-1-b)。

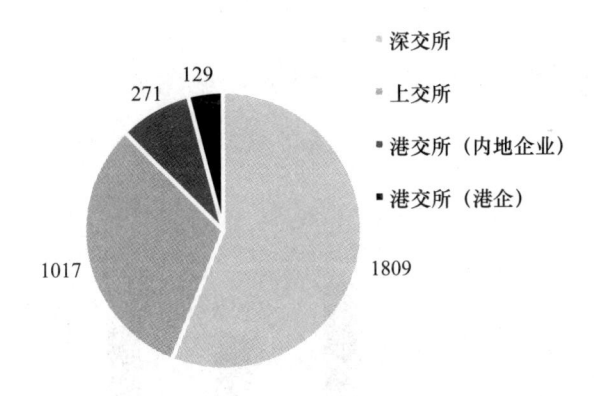

图3-1-a 2017年按上市场所分企业数量(家)

本节用上市公司平均研发强度表示企业创新投入。从上市场所看,深交所的上市公司平均研发强度最大,达3.2%;其次是香港上市公司,平均研发强度为2.83%;在香港上市的内地

---

① 研发投入强度:研发投入占营业收入的比重。

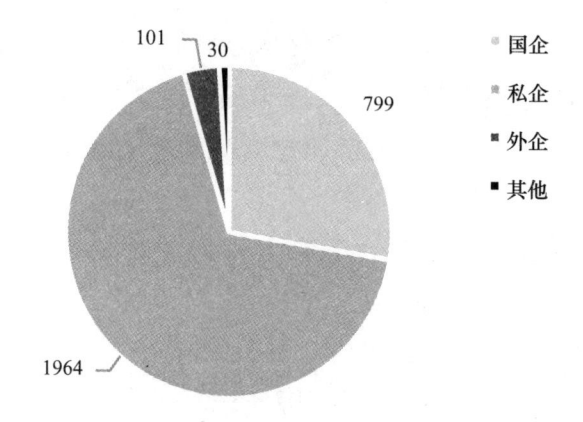

图 3-1-b 2017 年按企业性质分企业数量（家）

企业平均研发强度低于香港上市公司，为 1.98%；上交所的上市公司平均研发强度最低，为 1.54%。从国内上市板块看，创业板上市公司的平均研发强度以 4.64% 领先于其他板块；中小板上市公司的平均研发强度达 3.28%；主板上市公司的平均研发强度最低，为 1.75%。从企业性质看，私营企业的平均研发强度最高，达 3.38%；外资企业的平均研发强度达 2.75%；国企的平均研发强度最低，达 1.55%（见图 3-1-c、3-1-d、3-1-e）。

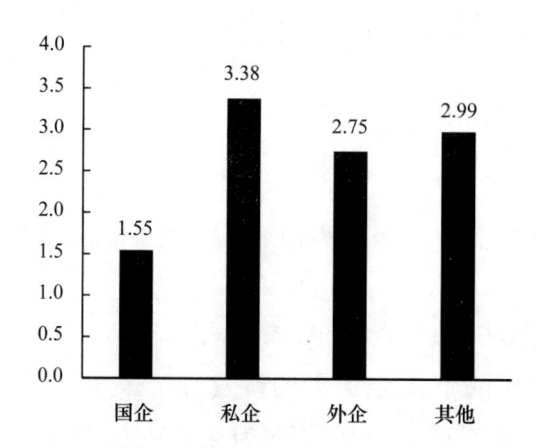

图 3-1-c 2017 年按企业性质分研发强度（%）

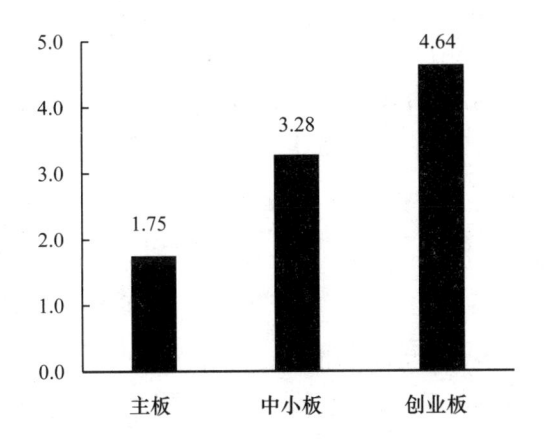

图 3-1-d 2017年按沪深上市板块分研发强度（%）

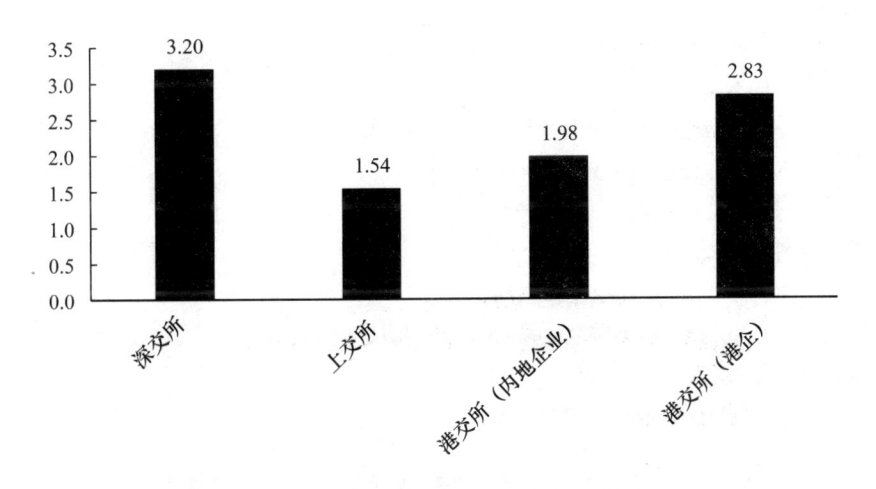

图 3-1-e 2017年按上市场所分研发强度（%）

从行业层面看，行业研发情况也影响企业研发投资，行业平均研发强度反映了行业平均研发投资力度，也反映了整个行业对技术水平的要求。信息技术、医疗保健、可选消费、工业和材料这5个行业的平均研发强度超过1%，能源、日常消费和公用事业这3个行业的平均研发强度均低于1%。其中，信息技术和医疗保健行业的平均研发强度均大于3%，具有较高行业研发强度，表明这两个行业对于技术更新要求较高。从不同上市地点的上市公司看，深交所上市公司在全行业的平均研发强度最高，超过3%，除信息技术行业外，在其他行业的平均研发强度均超过行业平均水平，在可选消费、工业和材料行业的平均研发强度均超过2%；上交所上市公司在所有行业的平均研发水平都略低于行业平均水平；港交所的内地上市公司信息技术、医疗保健和可选消费行业的平均研发强度均超过行业平均水平，其中，在信息技术行业的平均研发强度超过8%，高于行业平均水平近两个百分点；香港上市公司在医疗保健行业的平均研发强度较高，近6%，表明了香港上市公司在医疗保健行业较高的创新潜力和技术水平（见图3-2）。

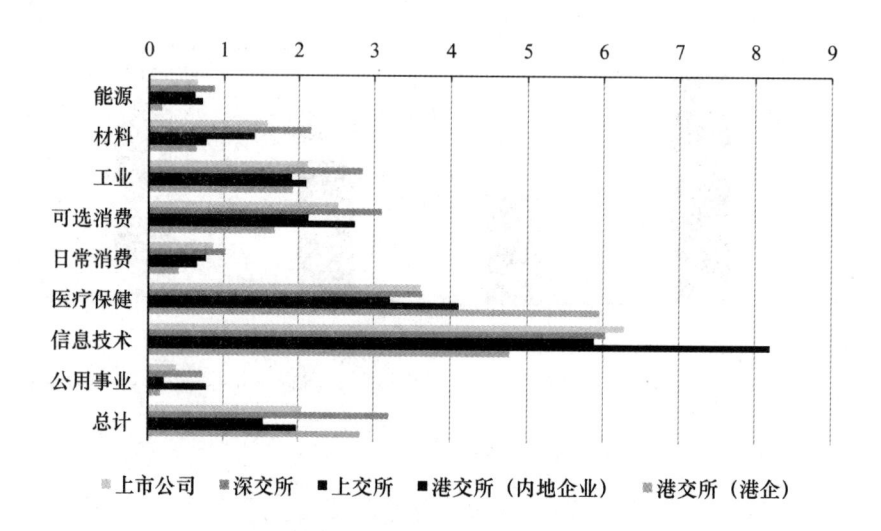

图3-2 2017年上市公司的行业①平均研发强度②比较（%）③

（二）创新产出：专利情况

专利是受法律规范保护的发明创造，对于所涉及的技术或

---

① 行业分类：WIND 一级行业分类，剔除研发投入数据较少或不完整的行业，金融（行业代码：40）、房地产（行业代码：60）、电信行业（行业代码：50）。

② 行业平均研发强度：全行业研发投入/销售收入。

③ 详细数据表见章末表3-7。

内容使用具有约束力，而专利的拥有者享有专利权，对于所涉及的技术及内容具有独占的排他性。按照专利所处的法律状态，可分为专利申请、专利授予、专利终止、专利撤回、专利驳回五种，其中处于专利申请和专利授权法律状态的专利数量可表示企业的创新产出，由于从专利申请到专利授权有一定的时间滞后，即本年度专利授权量可能是过去1—2年专利申请的授予量，故通常用本年度专利申请量和滞后一年的专利授予量表示企业创新产出。按持有人所有权，可分为有效专利和失效专利。专利有效量，指截至当年公司持有的有效专利总数，是个存量概念，相对于专利申请量来说，专利有效量更能代表企业真正的创新能力和创新产出。根据专利涉及的技术或内容，我国国内专利又可分为发明专利[1]、实用新型专利[2]和外观设计专利[3]三种类型，其中发明专利具有最高的技术含量，专利权期限为20年，后两种专利的专利权期限为十年。专利数据作为衡量企业创新产出的指标，其缺点是显而易见的，如专利数据并不能反映出企业存在的全部创新，更多地反映了技术创新而遗漏了管理创新、商业模式等创新，也存在将所有专利对企业贡献统一化的隐含前提，但是鉴于数据的可获得性和可比较性，专利数据仍然是使用最广泛的度量企业创新产出的指标。由于数据可获得性，本节仅涉及沪深上市公司（下称"内地上市公司"）。

---

[1] 《专利法》第2条第2款："发明是指对产品、方法或者其改进所提出的新的技术方案。"

[2] 《专利法》第2条第3款："实用新型是指对产品的形状、构造或者其结合所提出的适于实用的新的技术方案"。

[3] 《专利法》第2条第4款："外观设计是指对产品的形状、图案或者其结合以及色彩与形状、图案的结合所作出的富有美感并适于工业应用的新设计。"

截至 2017 年底，内地上市公司①平均有效专利数为 171 件，其中发明专利、实用新型专利和外观设计平均有效专利数分别为 58 件、87 件和 26 件，占比分别为 34%、51%、15%。2017 年，国内上市公司的平均专利申请数为 35 件，其中发明专利、实用新型专利和外观设计平均专利申请数分别为 16 件、14 件和 5 件，占比分别为 46%、40%、14%；平均专利授权数为 31 件，其中发明专利、实用新型专利和外观设计平均专利授权数分别为 12 件、14 件和 5 件，占比分别为 39%、45%、16%（图 3-3）。总体来看，2017 年内地上市公司的专利中，实用新型专利量占比最多，占 40%—50%，申请和授权量中实用新型专利占比小于有效量中实用新型专利占比，占比呈现递减趋势；发明专利量占比居第二位，有效发明专利占比达三分之一，发明专利申请和发明专利授予量占比均超过三分之一，达 40% 左右，由此可见内地上市公司的发明专利数占比有逐年攀升的趋势，创新产出质量逐渐升高；而外观设计专利占比约 15%，基本保持原有趋势（见表 3-1）。

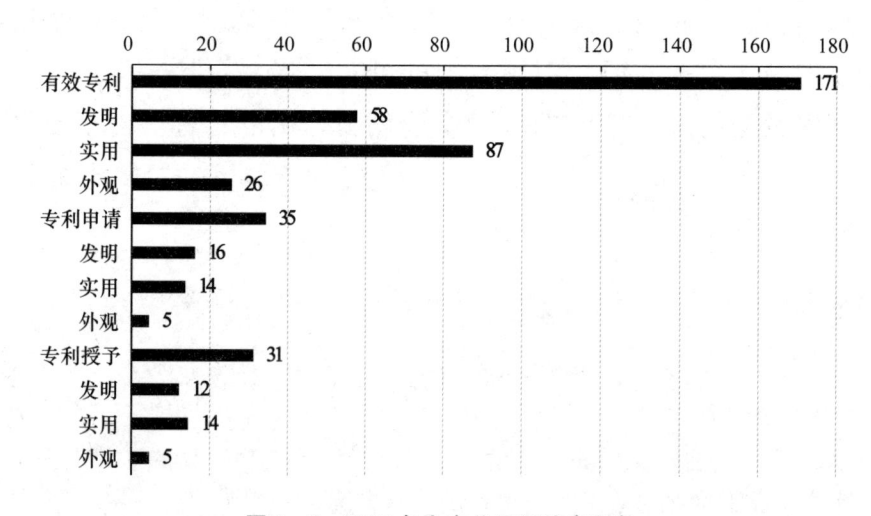

图 3-3 2017 年上市公司平均专利数

① 在上海证券交易所和深圳证券交易所上市的内地企业。

表3-1　　　　2017年专利数和企业总数（按企业性质分类）

	总计	国企	私企	外企	其他
有效专利（件）	415145	184876	219841	7394	3034
有效专利比重（%）	-	44.5	53.0	1.8	0.7
专利申请量（件）	84742	37923	44195	1404	1220
专利申请比重（%）	-	44.8	52.2	1.7	1.4
专利授予量（件）	76678	34303	39968	1674	733
专利授予比重（%）	-	44.7	52.1	2.2	1.0
企业数量（件）	2453	585	1757	89	22
企业数量比重（%）	-	23.8	71.6	3.6	0.9

从企业性质看，2017年国有企业和私营企业的有效专利数、专利申请量及专利授予量中，国有企业和私营企业的占比共达97%，外资企业和其他企业占比约3%；相应地，在企业数量上，国有企业和私营企业的企业数量约占96%，外资企业和其他企业仅占4%左右，表明国内上市公司中，国企和私企在企业数量和创新产出上均有绝对优势，在创新能力和潜力方面均处于主导地位（见图3-4）。总体来看，国企的平均专利数量均高于私企。其中，2017年国企的平均有效专利数达316件，是私企的2.5倍；国企的平均专利申请量和平均专利授权量分别为65件、59件，均是私企的2.6倍，表明国企的平均创新产出最高的趋势将继续保持。在各类专利中，2017年国企的平均有效发明专利数达112件，是私企的2.8倍，平均发明专利申请量和平均发明专利授权量达34件、27件，是私企的3.1倍和3.9倍，表明国企在技术含量最高的发明专利创新产出中也具有较大优势，并且这种优势将继续保持；在平均实用新型专利中，国企的有效专利数达166件，约占国企各类专利的50%，是私企的2.6倍，专利申请量和专利授予量分别是25件、26件，低于发明专利的申请和授权量，是私企的2.5倍和2.4倍，表明

国企的平均实用新型专利占比最多,但申请量逐渐减少,占比将逐渐减少,平均发明专利占比将进一步增大(见图3-4)。

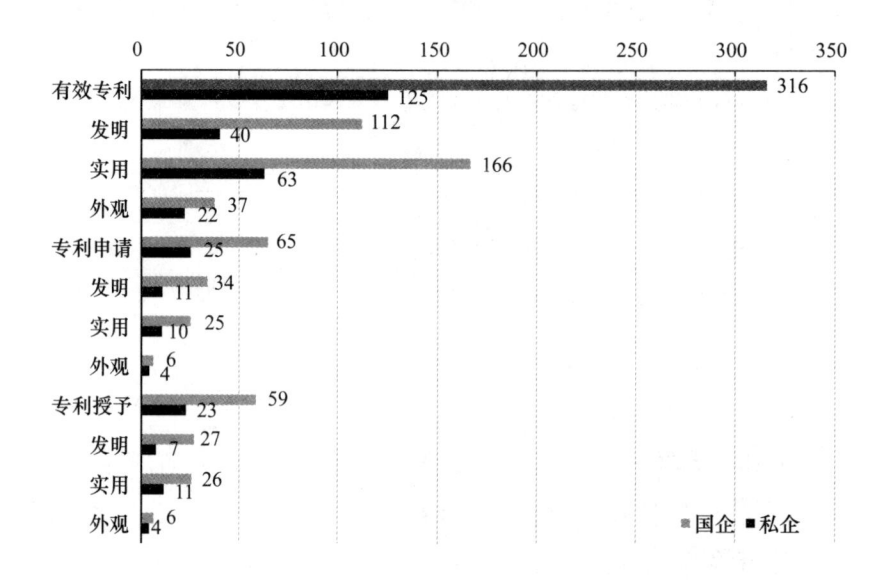

图3-4 2017年上市公司平均专利数(1)(按企业性质)①

从上市板块看,主板上市公司的平均专利数最多,中小板上市公司次之,创业板上市公司的平均专利数最少。从专利总量层面看,2017年主板上市公司平均有效专利数达266件,是中小板上市公司的1.9倍,创业板上市公司的近4倍;主板上市公司的平均专利申请量和平均专利授权量达53件、49件,分别是中小板和创业板上市公司的1.9倍、4倍左右,表明主板上市公司的比重优势将继续保持。在各类专利中,主板上市公司的平均实用新型专利数量最多,达133件,占比达50%,是中小板和创业板上市公司的1.9倍和3.4倍;主板上市公司的平均发明专利达97件,占比约37%,是中小板和创业板上市公司的2.6倍和4.6倍,表明主板上市公司在技术含

---

① 专利分类数据信息见章节末表3-8。

量较高的平均发明有效专利上占绝对优势地位，引领技术创新的发展（见图3-5）。

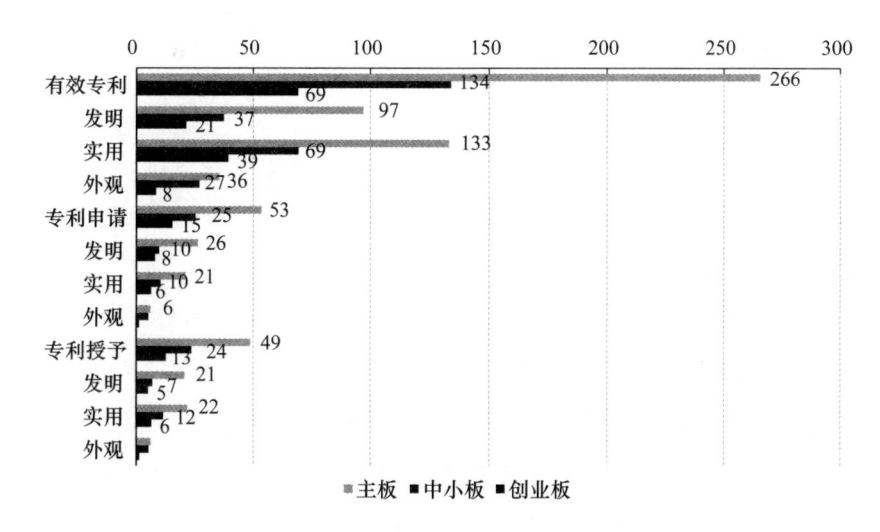

图3-5 2017年上市公司平均专利数（2）（按上市板块）

分行业来看，2017年能源、可选消费两个行业的平均专利数较多，平均有效专利数均超过了300件，分别达807件、352件；能源行业的平均发明有效专利占比达53.4%，平均实用新型专利占比达46.2%，专利的技术含量较高，其中平均发明专利的申请量和授权量分别达37件和78件，占比为37.8%和57%；可选消费行业的平均实用新型有效专利占比达55.3%，发明和外观占比分别为17.5%、27.2%，实用新型类专利占比最多，外观设计类专利较多，发明类专利最少，但平均发明专利申请和授予量占比上升到40.1%和25.9%，表明可选消费行业技术水平也有逐渐上升趋势。

信息技术和工业两个行业的平均专利数居于第二梯队，平均有效专利数均超过了100件，分别达176件、132件；信息技术行业的平均发明有效专利占比达50.6%，平均实用新型专利占比达40%，专利的技术含量较高，其中平均发明专利的申请量和授权量分别达24件和19件，占比为62.5%和

54.9%，具有较高技术创新发展潜能；工业行业的平均实用新型有效专利占比达 61%，发明类和外观类占比分别为 27.7%、11.2%，实用新型类专利占比最多，发明类专利较多，外观设计类专利最少。

材料、日常消费、医疗保健、公用事业 4 个行业的平均专利数居于第三梯队，平均有效专利数均超过了 50 件，分别达 94 件、68 件、61 件、51 件；材料行业的平均实用新型有效专利占比达 53.4%，发明类占比分别为 43%，实用新型类专利占比最多，发明类专利较多，外观设计类专利最少，平均专利申请量和授权量较少，分别为 17 件、14 件；日常消费行业的平均外观设计有效专利占比达 42%，发明类和实用新型类均约占 30%；医疗保健行业的平均发明和实用新型有效专利占比分别达 43.4%、35.5%，其中发明类的专利申请量占比达 58.1%，表明国内上市公司在该行业的技术创新水平不断提升，有较大创新潜能；公用事业行业的平均实用新型有效专利数占比达 83.2%，数量上占据绝对优势地位（见图 3-6、表 3-2）。

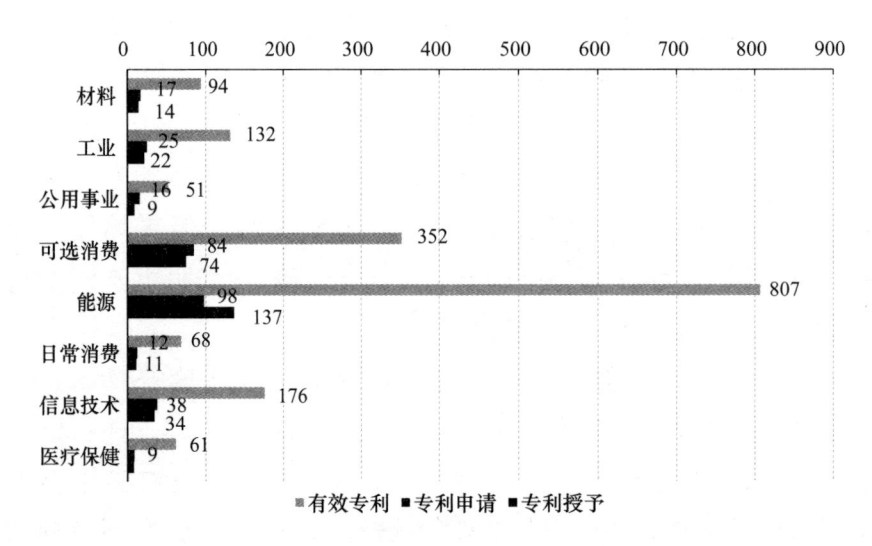

图 3-6 2017 年上市公司平均专利数（3）（按 WIND 一级行业分类）

表3-2　　　　　　　2017年国内上市公司各行业专利比重

专利分类	占比(%)	材料	工业	公用事业	可选消费	能源	日常消费	信息技术	医疗保健
有效专利	发明	43.0	27.7	16.2	17.5	53.4	30.0	50.6	43.4
	实用	53.4	61.0	83.2	55.3	46.2	28.0	40.0	35.5
	外观	3.6	11.2	0.6	27.2	0.4	42.0	9.4	21.1
专利申请	发明	57.2	40.7	32.2	40.1	37.8	42.2	62.5	58.1
	实用	41.0	48.0	66.5	39.7	61.3	22.6	28.5	26.6
	外观	0.0	11.2	0.0	20.2	0.8	35.2	9.0	15.2
专利授予	发明	46.3	34.6	27.3	25.9	57.0	21.9	54.9	45.1
	实用	51.0	52.6	71.8	50.6	42.5	33.7	35.1	36.2
	外观	0.0	12.8	0.0	23.4	0.6	44.4	10.0	18.7

(三) 小结

2017年披露了研发投入数据的中国上市公司（包括香港上市公司和在香港上市的内地企业）中，沪深交易所的企业数量共2826家，占比达88%，其中沪深交易所的企业数量比例为1.78∶1；港交所共有400家企业，其中香港上市公司和在香港上市内地企业的数量之比为1∶2.1。从公司平均研发强度来看，深交所上市公司的研发强度最大，为3.2%，上交所的最小，前者是后者的2倍；港交所的香港上市公司平均研发强度高于在香港上市的内地企业，为2.83%，是后者的1.4倍。

沪深交易所的创业板的平均研发强度最大，为4.64%，主板最小，前者是后者的2.65倍；但主板的企业创新产出也远高于创业板，在所有法律状态和类型的专利产出上，主板上市公司的平均专利数都是创业板上市公司的3.4—4倍以上，表明沪深主板上市公司仍是企业创新的主体。沪深交易所的私企平均研发强度最大，为3.38%，是国企的1.77倍；但是国企的创新产出高于私企，在所有法律状态和类型的专利产出上，国企的平均专利数都是私企的 2 倍以上，表明在上市公司中，国企仍是我国企业创新的最大贡献者。

从行业来看，信息技术和医疗保健行业的平均研发强度均大于 3%，具有较高行业研发强度，表明这两个行业对于技术更新要求较高。在创新产出方面，信息技术和医疗保健行业的平均专利数分别处于第二和第三梯队，信息技术的平均有效专利数均达 176 件，医疗保健行业的平均有效专利数仅有 51 件，但这两个行业的发明专利的申请量占比均在 58% 以上，表明国内上市公司在该行业的技术创新水平不断提升，有较大创新潜能。2017 年创新产出处于第一梯队的行业为能源、可选消费，平均有效专利数均超过了 300 件，其中，能源行业的平均发明有效专利占比达 53.4%，专利的技术含量较高；可选消费行业的平均实用新型有效专利占比最多，达 55.3%，但平均发明专利申请和授予量占比上升到 40.1% 和 25.9%，表明可选消费行业技术水平也有逐渐上升趋势。

三 中国上市公司创新影响因素分析

在创新型国家的建设中，企业是创新主体，城市是创新载体，企业内部创新动力与外部城市环境的创新活力相互作用，相辅相成。企业内部的创新投入，包括研发投入强度、员工素质、所有制结构等，这些为企业创新提供了基本的要素投入；而城市创新环境则集聚了各种创新要素，包括政策环境、产业环境、人才环境、研发环境、金融环境、中介环境在内的创新创业软要素。

（一）上市公司内部影响因素

通过阅读企业创新的有关文献，得到以下通常使用的衡量指标。其中,创新投入主要由企业经营者或高级管理层决定,可作为经营者是否存在代理行为的良好反映。而创新产出表示企业最终创新结果和企业创新能力。员工学历衡量中,若各企业间的员工学历结构差异化较大,用受高等教育员工占比来衡量;但若受高等教育员工占比都较高,而本科和研究生及以上学历员工占比差异较大,取平均受教育年限作为指标。

如表3-3所示,本节采用企业专利有效数作为企业创新产出的衡量标准,并进一步分为发明有效专利数和实用新型专利数。[①] 企业创新的内部影响因素主要为创新投入,分为研发投入和企业人力资本,分别用研发强度和企业员工平均受教育年限来衡量;其他内部影响因素,即选取总资产、营业总收入、是否为国有企业3个变量作为控制变量。

表3-3　　　　　　　企业创新的内部影响因素

一级指标	二级指标	三级指标	解释
创新产出	专利	企业专利有效数、申请、授予数	
	新产品	公司开发的新产品数量 新产品销售收入	反映企业创新的市场价值
创新投入	研发投入	人均研发支出	研发投入/员工总数
		研发强度	研发支出/营业总收入
	企业人力资本	平均受教育年限	初中以下、高中、大学、本科、研究生及以上受教育年限分别为 9、12、15、16、19 年
		受高等教育(本科及以上)员工占比	

[①] 由于外观设计专利的样本和总数较少,而且技术含量较低,故未用外观设计专利当作企业创新产出。普遍认为,相对于专利申请量来说,专利有效量更能代表企业真正的创新能力和创新产出。

续表

一级指标	二级指标	三级指标	解释
控制变量（其他影响企业创新产出的因素）	公司（行业规模）	公司资产总额（行业产值）	各上市公司相差较大，故通常取对数
	公司经营情况	营业总收入	
		资产净利润率 = 净利润÷资产平均总额×100%	获利能力，资产平均总额为期初资产总额与期末资产总额的平均数
		资产负债率 = 期末负债总额/期初资产总额×100%	负债情况，财务稳定性
		公司成长性	净利润增长率 =（本期净利润 - 上期净利润）/上期净利润
	股权性质	公司性质	国有控股、非国有控股，即是否国有企业（dummy）
		股权集中度	第一大股东持股比例、前十大股东持股比例

（二）上市公司外部影响因素

根据第一小节上市公司创新现状的描述可知，上市公司的创新产出和企业内部的创新投入——主要是企业研发强度，并不呈现完全的正相关，可知除了企业内部的创新投入外，企业外部的创新环境对企业创新产出的影响也不容忽视。本节的创新环境指标采用启迪创新研究院发布的《2017中国城市创新创业环境评价研究报告》中的指标体系。中国城市创新创业环境评价指标体系，以"政、产、学、研、金、介、贸、媒"八大创新创业环境要素为主要评价指标，围绕"政策环境""产业环境""人才环境""研发环境""金融环境"以及"中介环境"六大一级指标，对13个二级指标、18个三级指标进行专家赋权法计算，最后得出各个环境指标和城市整体创新创业环境总指标（见表3-4）。

表 3-4　　　　中国城市创新创业环境评价指标体系及权重

一级指标	权重	二级指标	权重	三级指标	权重
政策环境	14%	营商环境	0.4	营商环境指数	1
		地方财政科技投入	0.6	科学技术支出占地方财政支出比重	1
产业环境	22%	经济发展环境	0.4	人均可支配收入	1
		产业基础	0.6	高新技术产业增加值/GDP	0.3
				新增高新技术企业数	0.4
				新成立企业数	0.3
人才环境	15%	高校人才环境	0.6	大专以上人口占常住人口的比例	0.5
				普通高校在校生	0.5
		科技人才环境	0.4	科学研究、技术服务和地质勘察业从业人员	1
研发环境	13%	研发投入	0.6	全社会R&D投入占GDP的比重	1
		研发成果	0.4	每万人专利拥有数	0.5
				新增发明专利授权量	0.5
金融环境	21%	上市企业	0.3	新增A股市场上市企业数	1
		金融服务	0.7	金融业从业人员	0.5
				金融机构本外币存款贷款余额	0.5

续表

一级指标	权重	二级指标	权重	三级指标	权重
中介环境	15%	中介服务业	0.3	租赁和商务服务业从业人员	1
		市场活动	0.4	技术合同交易额	1
		创新知名度	0.3	创新创业关注度	1

2016年中国城市创新创业环境指数得分分布如图3-7所示，整体来看，指数得分分布在31—100分的区间，东部沿海城市的创新创业环境较好，其中京津冀地区，北京和天津创新创业环境居于全国前列；以上海为中心的长三角各城市创新创业环境普遍较好；珠三角城市群中广州、深圳、东莞的创新创业环境较好。西部地区的西安、成都、重庆、贵阳的创新创业环境得分较为亮眼，这使它们成为西部崛起进程中的资源高地，并进而带动西部地区的发展；中部地区，武汉、长沙、郑州等省会城市的创新创业环境较好；而东北地区的城市创新创业环境指数得分均低于50分，哈尔滨、沈阳、大连的创新创业环境较好，但整体创新创业环境仍有待加强。

（三）上市公司创新影响因素的回归分析

本书实证所用数据为2015—2016年中国上市公司的企业微观数据和企业所在城市的创新创业环境数据。本书所选用的上市公司样本为在上交所、深交所上市的公司，行业分类采用WIND行业分类法，剔除金融、房地产、电信服务行业，具体范围涉及能源、材料、工业、可选消费、日常消费、医疗保健、信息技术和公用事业8个WIND一级行业。中国上市公司的企业微观数据来自于国泰安金融数据库和聚源数据库。其中国泰安金融数据的上市公司与子公司专利子数据库包括中国上市公司基本信息和专利的详细数据，操控性与非操控性应计利润的专题研究包括中国上市公司的财务指标数据文件。聚源数据库

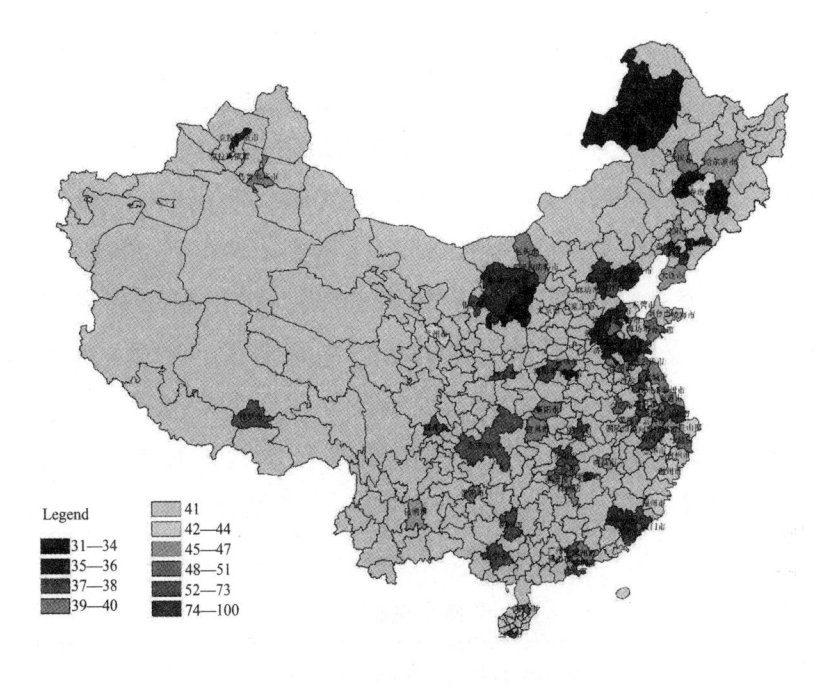

图 3-7 2016 年中国城市创新创业环境指数

包括中国上市公司的员工总数、正式员工职位结构以及正式员工学历结构，数据来源于中国上市公司年报数据。本书所选用中国上市公司所在城市的 2015 年、2016 年连续两年的创新创业环境指数，数据来源于启迪创新研究院发布的报告——《2017 年中国城市创新创业环境评价研究报告》[1]，包括创新创业环境总指标，以及政策环境、产业环境、人力环境、研发环境、金融环境、中介环境 6 个子指标。

该面板数据是非平衡的短面板数据，样本个体为 1590 家中国上市公司，每个上市公司有其唯一的证券代码，样本时间区间为 2015 年到 2016 年共 2 年，总个体数为 2462 个。从创新产出看，2015 年到 2016 年中国上市公司专利有效量（存量）的平均值为 207.9 个，但是方差较大，最小仅有 1 个，最大有 2 万多个。其

---

[1] 2018 年 12 月 6 日，http：//www.tusholdings.com/stations/522432690a/s/upload/2017/11/22/5a14df590dd.pdf。

中发明专利有效量、实用新型专利有效量、外观设计专利有效量均值分别为 69 个、112 个、29 个,最大值分别为 1.84 万个、0.87 万个、0.29 万个。专利申请量的均值达 58.91 个,发明专利申请达 29.40 个,在专利申请比重约 50%,实用新型专利申请占比达 40%,而外观设计专利申请占比不到 10%。专利授予量的均值达 48.2 个,发明专利授予约占 36%,实用新型专利授予占 52%,外观设计专利授予占比 12%。总体来说,中国上市公司创新产出存在较大个体性差异,现阶段实用新型专利授予及有效量(存量)占比最多,但更加注重有更高技术含量和价值的发明专利量,专利申请中发明专利占比达 50%(见表 3-5)。

表 3-5　　　　　　　　描述性统计

变量名	Variable	Mean	Std. Dev.	Min	Max
有效专利(个)	valdpt	207.90	988.94	1	20791
有效发明专利(个)	iv	66.96	618.65	0	18445
有效实用新型专利(个)	uv	111.99	475.01	0	8732
有效外观设计专利(个)	dv	28.95	135.40	0	2900
专利申请(个)	apl	58.91	337.09	0	7071
发明专利申请(个)	ia	29.40	201.18	0	4357
实用新型专利申请(个)	ua	24.12	145.57	0	3979
外观设计专利申请(个)	da	5.38	26.93	0	627
专利授予(个)	grat	48.20	225.68	1	3808
发明专利授予(个)	ig	17.16	117.20	0	2819

续表

变量名	Variable	Mean	Std. Dev.	Min	Max
实用新型专利授予（个）	ug	25.13	134.44	0	3346
外观设计专利授予（个）	dg	5.90	25.97	0	621
企业员工平均受教育年限（年）	eduy	13.82	1.03	12	17.527
企业研发强度（%）	rdspdr	5.19	5.29	0	88.56
总资产（元）	ast	1.47E+10	8.75E+10	3.56E+07	2.40E+12
营业收入（元）	incm	9.82E+09	7.69E+10	2.08E+07	2.02E+12
是否国有企业	h	0.29	0.45	0	1
创新创业环境	innoev	58.08	19.81	31.62	100
政策环境	polcev	68.00	13.10	26.37	100
产业环境	indev	63.53	18.97	29.12	100
人力环境	humev	53.24	21.11	22.51	100
研发环境	rdev	58.45	18.99	25.12	100
金融环境	fcev	44.51	25.13	20.17	100
中介环境	medev	38.67	24.94	20.06	100

从创新投入看，上市公司员工平均教育年限为13.82年，即上市公司的员工平均受教育程度为本科教育，其中最小值为12年，最大值为17.5年。上市公司研发强度平均为5.19%，但存在较大个体差异，研发强度最大的上市公司研发支出占营业收入比重高达88.56%，但有的企业没有研发支出。同时，上市公司在公司规模、财务指标等方面存在较大差异。城市的创新创业环境指数中，均以排名最高的城市环境指数为基期（排名第1的城市创新创业环境指数为100），指数范围在1到100之间，指数均值水平的高低反映中国城市各个创新环境的平均水

平，指数均值越高，表明各城市的平均水平与创新环境最好的城市间差距越小；反之，则越大。中国城市创新创业环境指数的均值为58.08，最小值为31.62，其中政策环境、产业环境和研发环境指数高于整体创新创业环境，均值分别为68、63.53和58.45；人力环境指数均值为53.24；金融和中介环境指数均值均低于50，分别为44.51和38.67（见表3-5）。

表3-6　　　　　　上市公司创新影响因素的回归分析

变量	（1）log（有效专利数+1）	（2）log（有效发明专利+1）	（3）log（有效实用新型专利+1）
企业员工平均受教育年限	0.022***	0.013*	0.011
	(0.006)	(0.008)	(0.007)
log（企业研发强度）	0.091***	0.048	0.090***
	(0.031)	(0.037)	(0.034)
log（企业总资产）	0.282***	0.303***	0.237***
	(0.037)	(0.045)	(0.041)
log（企业营业收入）	0.119***	0.197***	0.090*
	(0.042)	(0.051)	(0.047)
是否国企	0.035	0.021	-0.046
	(0.204)	(0.247)	(0.229)
log（创新创业环境）	1.423***	2.244***	1.047***
	(0.224)	(0.271)	(0.251)
常数	-10.847***	-17.556***	-8.408***
	(0.979)	(1.185)	(1.095)
Observations	2562	2562	2562
R-squared	0.240	0.259	0.137
Number of sy	1591	1591	1591
Standard errors in parentheses			

注：该表中回归的豪斯曼检验P<0.01，拒绝原假设，选择固定效应模型。

在公司层面的回归中，考察了企业内部和外部因素对企业创新的影响大小，结果如表3-6所示。表3-6中第1列用企业有效专利数量代表企业创新产出进行回归，第2—3列分别用有效发明专利量和有效实用新型专利量这两种专利类型代表企业创新产出。其中，发明专利是指对产品、方法或其改进所提出的新技术方案，保护期限较长，权利稳定性好，技术含量最高。实用新型专利是指对产品形状、结构或其结合所提出的适于实用的新技术方案，保护期限较短，稳定性较差，但申请期短、费用低，技术含量一般。

在回归分析表3-6（1）中，上市公司创新投入方面，企业正式员工平均受教育年限的系数是0.022，在1%的置信水平下显著，表示企业正式员工平均受教育年限提高1年，企业专利有效量平均提高0.022%；企业研发强度对数形式的系数是0.091，在1%的置信水平下显著，表示企业研究技术人员比例提高1%，企业专利有效量平均提高0.091%。在企业财务指标方面，企业营业总资产和营业总收入都有利于企业提高专利有效量，表示在其他条件相同时，企业总资产规模提高1%，企业有效专利数提高0.282%；企业营业收入提高1%，企业有效专利数提高0.119%。在企业性质方面，国有企业利于提高企业专利有效量，但在统计上不显著。在企业外部影响因素方面，上市公司所在城市的创新创业环境指数每提高1%，企业有效专利数提高1.423%。

在表3-6的回归分析（2）中，相对于回归分析（1）企业外部的城市创新创业环境对于企业创新产出的贡献提高了，系数为2.244，在1%的置信水平下显著，企业正式员工平均受教育年限和企业研发强度的贡献变小，而且后者在统计上不显著，表明发明专利有效量的提高更有赖于企业外部的创新创业环境。表3-6的回归分析（3）结果与回归分析（1）类似，企业正式员工平均受教育年限的贡献变小，而且在统计上不显著，表明企业实用新型有效专利数的提高更有赖于企业的资本和外部创新环境。综上所述，企业内部包括人力资本和研发支出在内的企业创新投入，以及企业规模、市场规模都可以促进企业创新产出，但企业外部的城市创新创业环境对于企业创新产出影响更大。

企业有效专利数与城市创新创业环境的关系如图3-8所示：

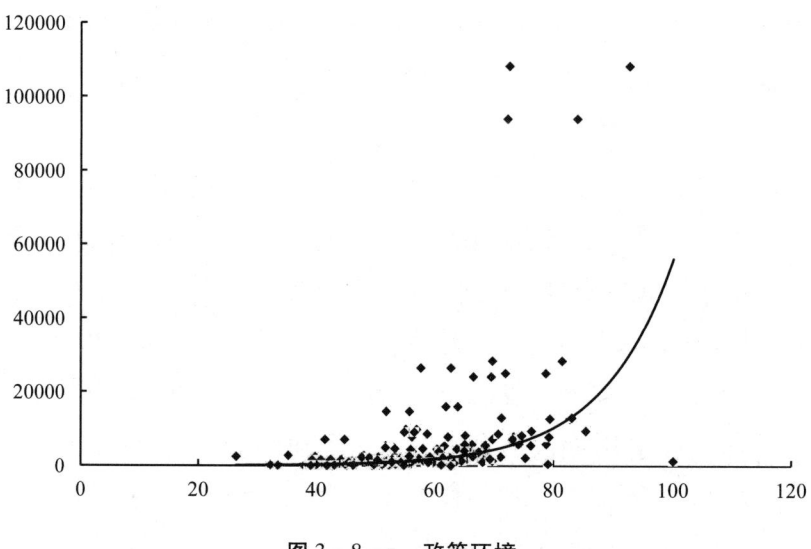

图3-8-a 政策环境

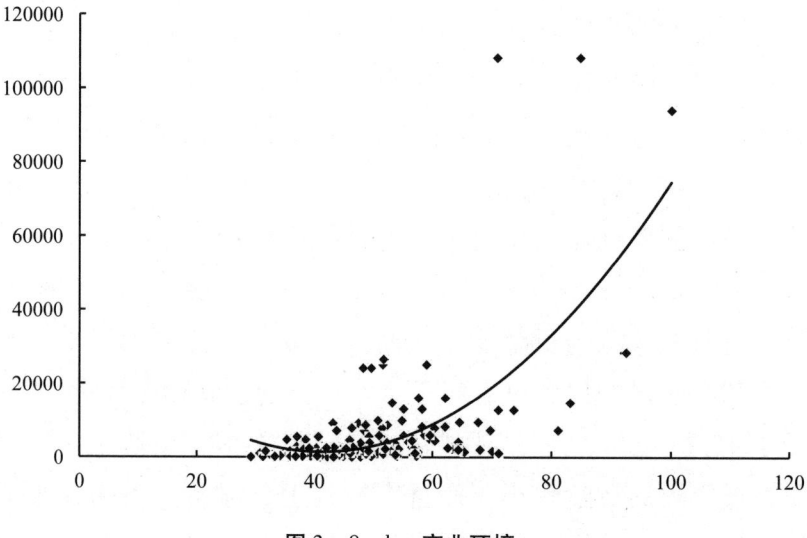

图3-8-b 产业环境

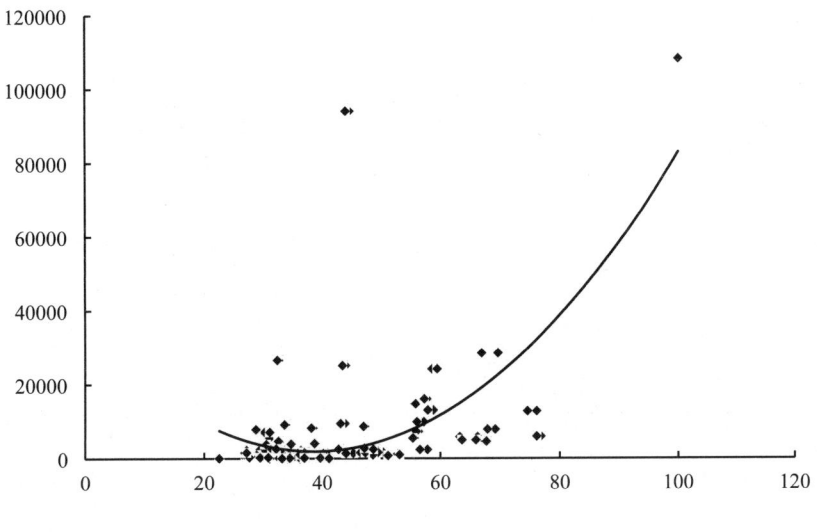

图 3-8-c 人力环境

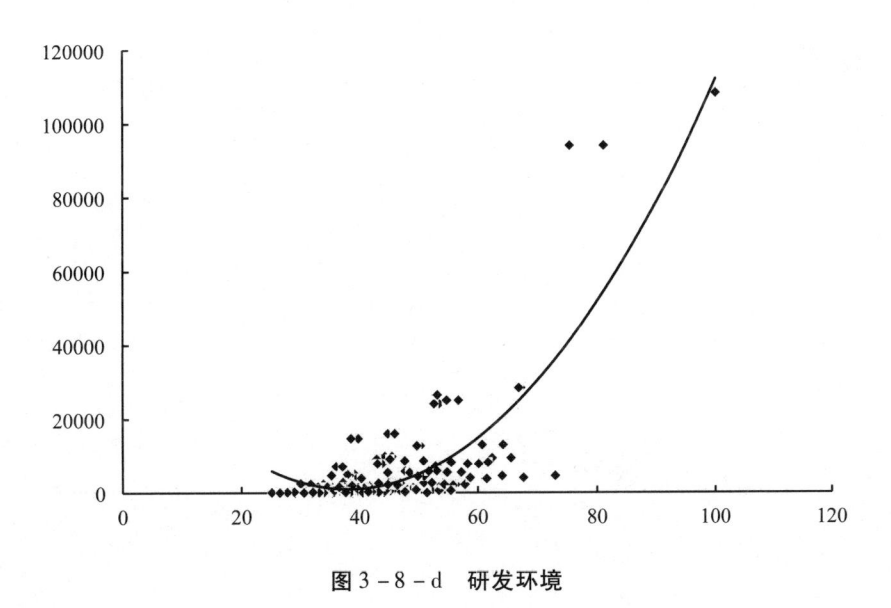

图 3-8-d 研发环境

从城市层面来看,如图 3-8 所示,企业有效专利数与政策环境、产业环境、人力环境、研发环境、金融环境和中介环境在内的 6 个城市创新创业子环境指数都呈现正相关,表明这 6 个城市创新创业子环境越好,该城市或地区的企业有效专利数就越多,企业创新能力越强、水平越高。其中,金融环境和中

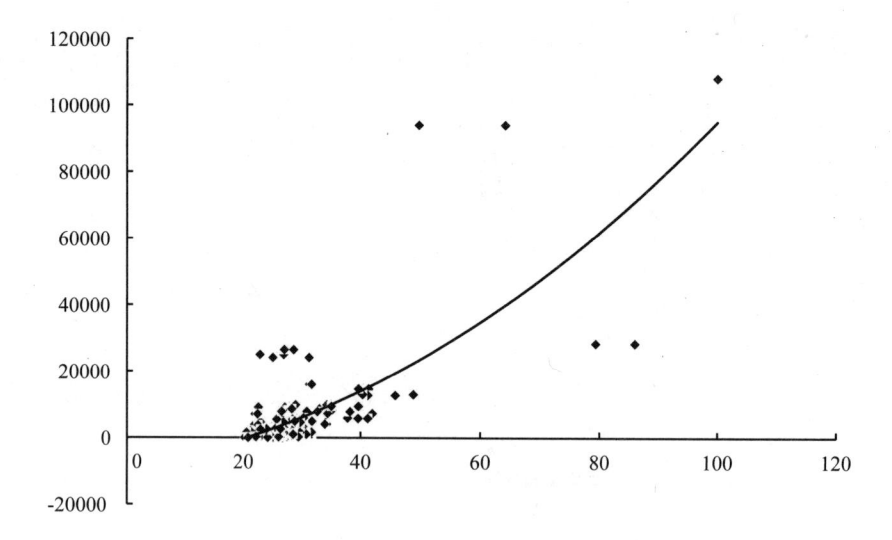

图 3-8-e 金融环境

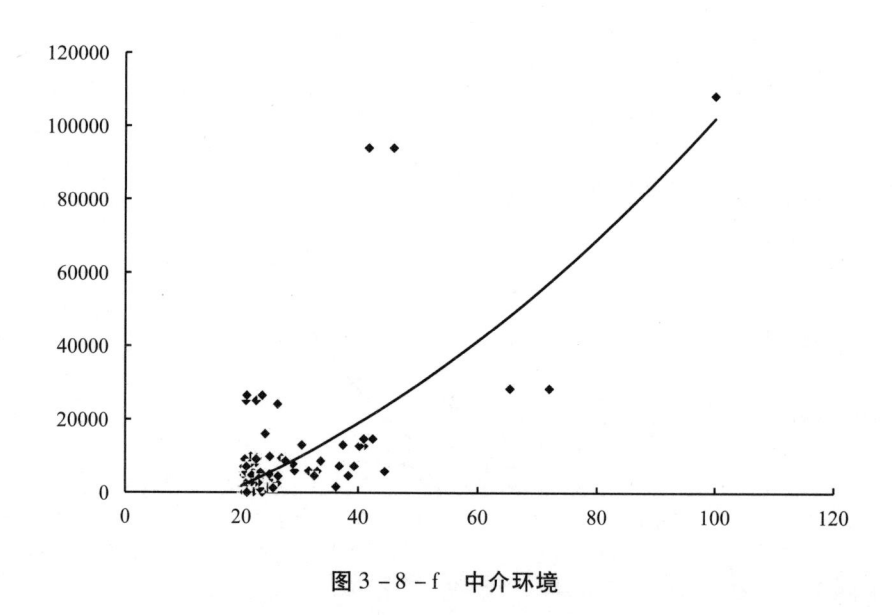

图 3-8-f 中介环境

介环境大多数城市的得分在 20—40 分之间,且拟合线在该区间的斜率也最大,表明即使是金融环境和中介环境较低的城市,金融环境和中介环境的改善也能较大提高企业的有效专利数,即提高企业创新能力;大多数城市在产业环境、人力环境和研发环境的得分集中在 25—65 分的区间,人力环境的得分分布更加分散，而产业环境和研发环境的得分分布较为集中，而且整体来看，研发环境的拟合线斜率最高，拟合优度最好，表明相比较产业环境和人力环境的改善，研发环境的改善更有可能会提高企业的有效专利数；政策环境的拟合曲线斜率最小，拟合优度最小，且政策环境得分最高的城市企业有效专利数较低，但两者总体仍呈现正相关，而且政府在政策环境改善中可操作性最强，表明政府可通过招商引资、税收、土地等政策来改善包括营商环境、科技支出占地方财政的比重以及人均可支配收入，为企业创新提供良好的政策环境，在长期中提高企业创新能力（见表3-7、3-8）。

表3-7　2017年上市公司的行业平均研发强度比较（%）

WIND一级行业分类	上市公司	深交所	上交所	港交所（港企）	港交所（内地企业）
能源	0.64	0.87	0.61	0.71	0.17
材料	1.58	2.16	1.41	0.76	0.63
工业	2.12	2.85	1.91	2.10	1.92
可选消费	2.53	3.10	2.13	2.75	1.68
日常消费	0.86	1.02	0.76	0.64	0.40
医疗保健	3.61	3.63	3.21	4.11	5.95
信息技术	6.28	6.03	5.88	8.20	4.77
电信服务	1.26	15.98	0.43	3.04	
公用事业	0.37	0.72	0.21	0.77	0.16
	2.05	3.20	1.54	1.98	2.83

注：WIND一级行业分类，剔除金融（行业代码：40）、房地产（行业代码：60）。

表3-8　　　　　2017年平均专利数各类企业的比重（%）

	国企	私企	外企	其他
有效专利（%）	48	19	13	21
发明（%）	49	17	12	22
实用（%）	50	19	10	21
外观（%）	38	22	23	16
专利申请（%）	40	16	10	34
发明（%）	37	12	7	45
实用（%）	50	21	8	21
外观（%）	32	21	30	16
专利授予（%）	44	17	14	25
发明（%）	49	13	10	28
实用（%）	46	20	9	25
外观（%）	27	18	36	18

四　小结

在世界经济发展转型、我国提出创新驱动战略的大背景下，公司创新已成为创新高地和重要创新主体之一，其中，上市公司更是在各行各业引领创新，其创新投入和创新产出都有较大规模。在创新投入方面，从上市场所来看，深交所上市公司的平均研发强度最大，达3.2%，其次是在港交所上市的内地企业，达2.83%；从上市板块看，沪深交易所创业板的企业平均研发强度最大，达4.64%；从企业性质看，私企的平均研发强度达3.4%，高于国企；从行业看，信息技术和医疗保健行业的平均研发强度最大。在创新产出方面，沪深交易所主板的企业平均专利数最高，是创业板的3.4—4倍以上；国企的平均专利数是私企的2倍以上；能源和可选消费行业的平均专利数居于前两位。总体来看，2017年，创业板上市公司和私营企业的创新投入水平较高，但主板上市公司和国企的创新产出水平较高，表明主板上市公司和国企仍是公司创新中的"领头羊"，创业板上市公司和私企蓄势待发，具有较大潜力。在行业层面，能源和可选消费的平均专利数最多，两个行业分别在发明专利和实用新型专利的占比均超过50%，技术含量和方向具有显著差异；信息技术和医疗保健行业创新投入居于高位，且具有高技术含量的行业特性，蕴藏着巨大的创新动能。

公司创新产出是由公司内部创新投入，外部创新环境相互作用、共同促进的结果。本书用样本个数为2462个公司的2年非平衡短面板数据，来验证上市公司的创新影响因素。在企业内部创新投入层面，企业规模，如企业总资产、企业营业收入对企业创新的促进作用最大；其次是企业研发强度，企业员工平均受教育年限的促进作用较小；而企业性质对于企业创新产出的影响在统计上不显著。城市层面的创新创业环境对于企业创新产出的影响远高于企业内部创新投入，从政策环境、产业环境、人力环境、研发环境、金融环境和中介环境6个子环境具体来看，企业创新产出与子环境指数均呈正相关，其中，研发环境的促进作用最强，研发环境的改善更有可能提高企业创新产出；而政策环境的促进作用较小，但政府在政策子环境改善中可操作性最强，可从资本、土地、人力等创新投入要素和企业创新的各个环节提供具有优势的政策。总体来看，企业创新产出有赖于企业内部的创新投入，但外部创新创业环境极大地影响了其创新产出，两者相互作用，共同促进企业创新水平的提高。

参考文献

[1] 冯根福、温军：《中国上市公司治理与企业技术创新关系的实证分析》，《中国工业经济》2008年第7期，第91—101页。

[2] 刘诚达：《制造业单项冠军企业研发投入对企业绩效的影响研

究——基于企业规模的异质门槛效应》，《研究与发展管理》2019 年第 2 期，第 33—43 页。

［3］何兴强、欧燕、史卫等：《FDI 技术溢出与中国吸收能力门槛研究》，《世界经济》2014 年第 10 期，第 52—76 页。

［4］Ballot G., Fakhfakh F., Taymaz E., "Firms' human capital, R&D and performance: a study on French and Swedish firms", *Labor Economics*, Vol. 8, No. 4, 2001.

［5］D'Este, P., "The Role of Human Capital in Lowering the Barriers to Engaging in Innovation: Evidence from the Spanish Innovation Survey", *Industry & Innovation*, Vol. 21, No. 1, 2012.

［6］章立军：《创新环境、创新能力及全要素生产率——基于省际数据的经验证据》，《南方经济》2006 年第 11 期，第 43—56 页。

［7］Moretti E., "Workers' Education, Spillovers, and Productivity: Evidence from Plant-Level Production Functions", *American Economic Review*, Vol. 94, No. 3, 2004, pp. 656–690.

［8］石惠敏、李强：《创新氛围与企业创新能力——基于企业周边高校特征的视角》，《财会月刊》2019 年第 6 期，第 125—135 页。

［9］李香菊、贺娜：《税收激励有利于企业技术创新吗?》，《经济科学》2019 年第 1 期，第 18—30 页。

［10］吴超鹏、唐菂：《知识产权保护执法力度、技术创新与企业绩效——来自中国上市公司的证据》，《经济研究》2016 年第 11 期，第 129—143 页。

第四章
粤港澳大湾区生物医药行业科技创新：以华大基因为例

一　引言

（一）工业技术革命、信息技术革命、生物技术革命

发轫于18世纪后期的工业革命是近代世界现代化的开端，工业革命的发生使人类社会第一次发生了巨变，人类开始改变他们维持了千百年的生产方式和生活方式。在西欧各国中，出现了越来越多的大城市，大城市中的人口数量也不断增加。各式各样的工厂在城市和农村中建立起来，工厂里不断生产出数量繁多的新式产品。工业革命的发生使人类社会的生产能力得到了空前的提高，大量从事农业劳动的人口转而进入工厂，从事专业化的工业生产。由于新的工业技术不断涌现，劳动效率也不断提高，人们的商品消费得到了极大的满足。

20世纪末随着以电子计算机为代表的信息技术革命开启，人类开始进入信息化时代，以因特网为主要特征的数字化引起了经济和社会的剧烈变革。互联网技术的大规模应用，极大地提高了人类社会储存、传送、利用和分析信息的能力，也提高了传送和分析信息的速度，不仅减少了商品和服务在生产和流通过程中的交易成本，还提高了资源配置的效率。互联网技术

不仅改变了传统行业的本来面貌,也以其独特的方式渗入到人类生产生活的方方面面,成为 21 世纪以来世界经济增长的推动器。

兴起于 20 世纪 70 年代的现代生物技术,被认为是引领 21 世纪技术革命的关键技术之一。世界各国特别是发达国家纷纷把发展生物技术当成是科技产业发展的重要战略,以期在下一次的生物技术发展浪潮中取得领先的地位。生物技术的发展前景广泛,在医药、农业、环保和食品等领域都有着重要的应用。利用生物技术,人类能够生产新型药物,培育具有良好性状的农作物,提高能源利用效率,减少环境污染。生物技术被认为是将在人类健康、环境、能源、农业等领域发挥巨大作用的重要科学技术手段。

日前来自中国科学院神经科学研究所的科学家成功克隆出世界上第一对克隆猴,解决了非人灵长类动物体细胞难以克隆成功的世界难题。中国科学家在非人灵长类动物克隆技术上的突破,是中国在非人灵长类研究领域的一次"弯道超车",标示着中国在生物技术领域的研究正步入世界领先行列。

(二)人们从基本物质生活得到满足到期望健康长寿

工业革命以来,人类社会出现了商品爆发式的增长,人类的物质需求得到了极大的满足。当人类的衣食住行等基本物质生活需要得到满足之后,除了改善消费结构,提升消费质量外,会把更多的注意力放到自身的健康管理上来,期望自己能更加健康长寿。人类对物质生活的需求总是有限的,而对健康长寿的追求则是没有穷尽的。永生且健康是人类永恒的追求,从古到今,无数人为了长寿且健康而想尽办法。随着现代医学的发展,人均寿命从工业革命之后不断增加。但已有研究表明,人均寿命上升的曲线正不断接近上限。现代生物科学告诉我们,人类的衰老最先都是从细胞开始的,人体内细胞数量和活力的下降是人类衰老的直接原因。未来生物技术的发展将有望解决这一困扰人类千万年的难题，实现人类健康与长寿的终极梦想。

二　基因测序行业的发展

科技部2017年发布的《"十三五"生物技术创新专项规划》中指出，生物技术产业正成为继信息技术产业之后的一个主导产业，生物技术未来的发展必将深刻地改变现有世界经济发展的模式和格局。我国要坚持聚焦重大，坚持自主创新，坚持超前部署，坚持引领跨越四项原则，力争在激烈的国际竞争中取得主动性和领先地位。基因测序技术属于对生命科学和生物技术的发展均有着重大影响的重要技术，在医药、环保、农业等各个领域应用前景广泛。

基因测序技术已经应用在临床医学领域。目前临床普通产前"唐氏筛查"的检出率为80%多，而应用技术手段更加先进的无创产前基因检测，唐氏综合征的检出准确率可达99%以上。无创基因产前筛查不仅提高了检测的准确率，还增加了检测的安全性，受到越来越多准父母们的青睐。恶性肿瘤已成为致使中国居民死亡的主要疾病，基因测序技术对肿瘤的筛查检测、确诊和治疗都能够发挥积极的作用。医生可以根据检测的结果及报告为病人量身定制治疗方案，有针对性地用药。在肿瘤的检测和治疗上应用这项技术，不光提高了检测的准确率，还能增强药物的治疗效果，帮助医生实现精准治疗。大多数的遗传性疾病都与基因相关，通过基因检测还可以进行某种遗传性疾病的风险评估分析。人们根据检测结果，了解自己罹患各类遗传性疾病的风险，从而有针对性地进行健康管理，更好地预防疾病。随着大众健康意识的增强，健康产业的发展将更上一层楼，未来基因测序技术的应用前景将会更加广泛。

"摩尔定律"是指在计算机行业中，随着技术进步，集成电路芯片上所集成的电路的数目，每隔18个月就会翻1倍。过去几十年来，正是由于这种持续不断的技术进步，我们才能够以更低的价格购买到更高性能的电子计算机，这极大地促进了计算机技术的应用和信息产业的发展。任何变革性技术的产生都要经过大规模应用的阶段才能成为一种成熟性的技术，从而发挥其所蕴藏的巨大潜力和经济效益，而大规模的应用必然要求成本低到大多数人都能够负担得起，于是技术应用成本的降低成为新兴产业发展的前提和关键。"摩尔定律"使计算机技术的大规模应用成为可能，加速了信息化时代的到来，重塑了人类社会的生产生活方式。生物技术的发展将使人类获得营养更丰富的食物，更精准有效的医药治疗，更高质量的健康生活。而根据目前基因测序行业的发展状况来看，单人类基因组测序成本正以"超摩尔定律"的速度不断下降。

2014年，个人基因组测序成本就已经降到1000美元左右。在2016年，华大基因已经将个人全基因组测序的费用降到600美元左右。近日，华大基因宣布了"2020计划"：有望在2020年以前，24小时之内完成一个人的全基因组样本制备、测序和数据分析等所有工作，并且将测序成本控制在300美元以下。随着基因检测技术的发展和测序成本的下降，未来的基因测序技术惠及普通民众的美好愿望将成为现实。

"十三五规划"提出的重点工作之一就是要"提升生物医学工程发展水平，组织实施生物技术惠民工程"。各种新技术产生的出发点毫无疑问都是为了解决人类社会发展中出现的各种问题和困难，最后归根到底自然都是为人服务的。华大基因提出了发展战略的四部曲：科研服务、科技服务、医学服务、人人服务。这个过程正好对应着基因测序技术的突破、转化、应用、产业化的过程。最后产业化完成之后，基因测序的成本将大幅降低，普通民众亦能在日常的医疗诊断中享受这种服务，真正从中受益。

三 华大基因发展

科学家把曼哈顿原子弹计划、阿波罗登月计划和人类基因组计划并称为20世纪自然科学三大工程。曼哈顿原子弹计划最初只是为了战争目的而研制原子弹，后来开启了人类对核能的利用和开发，人类之后掌握了可控制的核裂变技术，利用其反应所产生的巨大能量，建造核电站解决能源短缺问题。阿波罗登月计划产生于美苏两国的"外太空军事"竞赛的背景之下，结果开启了人类航空航天技术发展的新篇章。"人类基因组测序计划"同样是改变人类科技发展历史的大事件之一，该计划的成功完成使基因组学的发展得到重大的飞跃。1999年因成立不久的华大基因成功地完成了其中1%的计划，使中国成为参与到该计划中的唯一发展中国家。

华大基因开始参与到人类基因组计划时，国家相关部门就给予了5000万元的支持。在美国前总统克林顿宣布计划成功之后，参与该计划的科学家受到了江泽民的热情接见。2003年非典期间，华大基因第一时间破译了SARS病毒的基因序列，并无偿向国家提供了30万份试剂诊断盒，之后相关研究人员获得了胡锦涛的接见。2007年，深圳当局承诺给予三年每年2000万元的支持，华大基因自此扎根深圳。2010年，华大基因在深圳市的帮助下从国家开发银行获得15亿美元贷款，之后利用其中的6亿购买了128台先进测序仪，一举提升了华大基因的测序能力。2013年，华大基因通过出售华大科技42%的股份收购了美国的CG公司，通过消化吸收和自主创新，实现了基因测序仪的国产化。

2013年深圳市政府将"无创产前基因检测"纳入深圳市社保生育保险范围，还设立了生物产业发展专项资金对"无创产前基因检测技术"给予三年的资金支持。2017年深圳市政府将高通量基因检测 21 - 三体综合征、18 - 三体综合征、13 - 三体综合征产前筛查项目纳入深圳市民生项目，有生育保险且成功建册的孕妇可免费进行无创产前基因筛查一次。通过这些强有力的政策措施，深圳市政府在惠及民生的同时也支持了科技企业的发展，加速了生物技术的成熟化和产业化。

2011 年，由国家发改委等四部委联合批复决定成立国家基因库并由深圳华大基因研究院承建运营。2016 年，国家基因库在深圳正式建成并运营。在生命经济时代，海量的基因数据将成为宝贵的战略性资源。国家基因库的成立能够有效地保护我国珍稀和特有的遗传资源，提高对基因资源的储存、分析及利用能力，对促进我国生命科学和生物技术产业的发展有深远的意义。

不难发现，不管是资金的支持还是政策上的鼓励，政府在华大基因的成长壮大过程中一直起着重要的作用。虽然只是一家民营企业，华大基因却获得了政府的很多关爱。华大基因业已成长为国内生物技术产业和基因测序领域中最具竞争力的企业之一。政府对生物技术行业内龙头企业的支持，往往能够起到以点带面的效果，从而带动整个行业的发展，加速生物技术的产业化。长期来看，支持华大基因的发展也有利于我国在生物技术领域取得重大突破，在激烈的国际竞争中抢占一席之地。

2017 年，华大基因在创业板上市，仅仅四个月市值就疯涨 13 倍。资本市场对华大的追逐也说明，华大基因在国内基因测序行业已经占有绝对优势，生物技术产业的发展有着令人期待的前景和未来。

四　华大基因的产学研模式

（一）深圳华大生命科学研究院

1. 丰硕的科研产出

华大基因不仅在产业的发展方面取得了巨大的成功，其在科研领域的成绩也是令人惊羡的。迄今为止，华大基因已在《细胞》《自然》和《科学》等国际知名刊物发表文章 300 余篇，自己创办的刊物 Giga Science 也跻身国际顶级期刊行列。2014 年，华大基因自主研发的无创产前基因检测技术成为中国内地首个在欧洲获批的无创产前基因检测专利。华大基因在 2012 年至 2016 年全球高质量科研产出排名列第 12 位，在 2016 年中国产业机构排名中名列第 1 位，2016 年全球生命科学产业机构排名第 8 位，2012 年至 2016 年全球产业—学术合作量企业排名第 1 位。

2. 重点实验室和工程实验室

华大基因有着先进的科研设备，丰富的科研人才资源。深圳华大基因研究院建有农业基因组学国家重点实验室等 13 个重点实验室，广东省蛋白组学工程实验室等 7 个工程实验室，海洋研究院等 11 个研究所。这些重点实验室和每年发表的高质量科研论文，数量众多的实验室和研究所，或许会让人产生一种错觉：这不是一个企业，而是一所具有强大科研实力的科研机构。强大的科研能力和深厚的科研基础是华大基因的立足之本，是华大基因高效科研产出的活水之源，华大在基础研究和新技术开发方面不断取得重大突破，确保了其在行业发展过程中始终保持领先地位。

（二）华大基因学院——联合培养

科研精神深深根植在华大基因的体内，凭借其先进的技术能力，雄厚的师资力量和深厚的实践基础，华大基因学院在 2011 年成立。学院采取联合培养的模式，与国内知名高校联合进行本科、硕士和博士的教育。本科学生前 2.5 年或 3 年在学校学习，后 1.5 年或 1 年在华大进行科研实践。本科教育结束后，可以继续进行硕士或者博士的联合培养。进入华大基因之后，借助华大的科研平台和科研资源，学生能够参与到各种重大课题中去。学生在项目中学习到了知识，经过实践锻炼提高了能力。联合培养的学生已在国际顶尖学术期刊发表多篇文章，成功申请取得专利发明上百项。华大基因还分别与香港中文大学和香港大学组建了跨组学研究院和联合创新实验室，结合双方科研实力，发挥各自科研优势，在科研领域方面取得了许多重大成果。

华大基因虽然是一家企业，但是有着媲美顶尖大学和科研机构的学术产出，有着独树一帜的创新人才培养体系，在科研和教育方面都取得了骄人的成绩。高科技企业的生命在于科研创新。事实上，不管是做科研还是做教育，最终的落脚点都在科研上，将科研作为企业发展的发动机。这种产学研一体化的创新企业发展模式，使科研项目的推进与后备人才的培养有机结合，有利于科研成本的降低，基础研究的突破和研究成果的转化，成为企业发展的有力保障。

五　深圳是华大基因等创新型企业的成长沃土

华大基因等一大批科创企业的成功都离不开深圳这片开放包容的土壤，深圳市长期以来实行创新驱动的发展战略，制定了一系列支持创业创新的政策措施，走出了一条以创新为核心的可持续发展道路，给科创企业创造了自由生长的环境。

（一）深圳的创新创业文化

深圳虽然没有北京、上海和广州等悠久的城市建设历史和厚实的经济发展基础，但也毫无任何排外情绪和保护主义，自由和开放已成为深圳这座城市的独特名片。深圳能从小渔村一跃成为今天GDP超过两万亿元的一线城市，靠的就是深圳人敢于冒险、不怕失败、勇于尝试的创新创业精神。创新创业基因深深地扎根在深圳的城市文化之中，深圳是国内专利申请量全国第一的城市，也是每万人拥有专利数量全国最多的城市。根据深圳市市场和质量监督管理委员会发布的《2017年商事主体统计分析报告》，截至2017年12月25日，深圳市商事主体共3061195户，占广东省的29.8%，全国的3.1%。深圳的商事主体数量和创业密度在全国大中城市中均名列第一。目前，深圳有高新科技企业30多万家，其中国家级高新技术企业2000多家。根据广东省社会科学院发布的《中国区域孵化能力评价研究报告2016》，深圳市南山区孵化能力综合排名全国第一，蝉联全国第一，福田区和宝安区也位列前十。深圳强大的孵化能力，催生了一大批在世界范围内都具有极强竞争力的民营企业。

数量众多的创新创业企业之所以能在深圳这片土壤上生根发芽，政府营造的良好创新创业环境发挥了重大的作用。深圳市政府为符合条件的自主创业人员提供了各类的扶持补贴、创业担保贷款和各项创业服务。通过提升政府在创新创业方面的治理和组织能力，消除阻碍创新创业的不利因素，深圳构建起一套完善且行之有效的利于创新创业的体制机制。这座草根城市把创新当成发展的支点，培育科创企业扎根的土壤，而反过来这些科创企业正在成为这座现代化城市向着世界级创新型城市迈进的有力支撑。

（二）政府为促进产业转型发挥了巨大作用

早在2006年，深圳市政府就提出了不以GDP论英雄的口号。宁可GDP增长速度慢一点，也要进行经济结构的调整，以短期经济增速的减缓为代价提高长期经济增长的效益。深圳市政府以超前眼光进行产业调整，布局创新产业，实施创新驱动战略，支持了一大批创新企业和高科技企业的发展。《深圳市产业结构调整优化和产业导向目录（2016年修订）》里明确指出要鼓励生物产业、新能源产业、互联网产业及新材料产业等20个产业的发展，对高耗能、高污染等不利于经济结构调整和可持续发展的产业则进行限制和禁止。

深圳市政府正确把握了产业结构调整方向，坚持实施以"科技创新"为核心的产业政策，培育"创新经济"作为新的经济增长点。政府在产业政策的实施过程中，没有急功近利和揠苗助长，而是踏踏实实干好本职工作，切实解决企业发展过程中所面临的突出问题和实际困难。深圳市政府扮演的"服务员"角色，不仅提供基本的公共服务，还贴心地为企业排忧解难，急企业之所急，需企业之所需，始终和企业站在一起，尽心尽力为企业提供良好的营商环境。

（三）创新投和高新投金融政策的支持

初创企业的发展离不开金融的支持，科创企业具有高成长性和高风险性并存的特点，企业发展初期往往需要大量的资金投入。深圳市政府 20 世纪 90 年代就建立了深圳市高新投资集团有限公司和深圳市创新投资集团有限公司，解决中小型科创企业的投融资问题。

成立于 1994 年的深圳市高新投资集团有限公司，是深圳市委、市政府设立的一家专业金融服务机构，为企业从初创到成熟提供全方位的投融资服务，着力解决中小微科技企业融资难、融资贵的问题。1999 年，深圳市政府还出资并引导社会资本出资成立了深圳市创新投资集团有限公司，主要服务于中小企业、自主创新高新技术企业和新兴产业、初创期和成长期及转型升级企业，涵盖了生物医药、信息科技、互联网等高科技产业领域。截至 2017 年底，深创投投资的企业数量和投资企业的上市数量在国内创投机构中都排名第一。为解决企业融资难、融资贵和融资繁等问题，深圳市金融办联合科创委等相关部门还共同搭建了深圳市创业创新金融服务平台，帮助企业对接各种金融机构，智能匹配相关扶持政策，提供各种专业化服务。截至目前，注册企业数量已达到 16000 多家，融资金额达 18 亿余元。

深圳市政府为企业提供的金融支持服务不仅细致周到，同时也具有极高的专业化水平。完善的金融支持政策，专业化的金融服务，为引导和鼓励科创企业的发展起到了重要作用。

（四）宽容的态度，宽松的环境

深圳，中国改革开放最前沿的阵地。深圳经济特区建立之初，凭借其独有的政策优势吸引了无数怀抱梦想的有志青年从祖国各地来到这个地方。深圳的吸引力并不在于各种优惠政策，而在于政策的开放性和宽松度，这种环境特别有利于创业创新的出现。深圳发展之初只是一个小小的渔村，和国内大多数落后地区一样一穷二白。而恰恰就是这样一张白纸的深圳，不断勾画着城市发展的美丽画卷，进入中国最有竞争力的一线城市行列。环境最恶劣的戈壁中，缺少了人工的施肥与灌溉，只有生命力最顽强的植物才能生存下来。

为了营造科创企业发展的良好环境，深圳市政府对各种创新企业的发展都提供配套的资金支持和税收减免，以极具吸引力的政策引进各类高素质的科技创新人才。这种以支持企业发展为主体的产业政策的体系，使深圳成为各类科创企业生长的乐园。深圳市政府在企业建立和成长的过程中给予资金和技术方面的政策支持，但不会对企业的日常经营横加干涉，而是给予它们宽松自由的环境。宽松包容的环境，不仅能够吸引大量人才，也培养出了创新创业人才敢于尝试、敢于开拓的精神。作为改革先锋阵地的深圳特区，成为各种发展理念的"试验田"和现行政策理想的"试错基地"，这使深圳始终以超前步伐走在时代发展的前列。

六　政府在推动创新过程中的角色

（一）正确进行产业规划

经济发展的过程中必然伴随着新技术新行业的出现和旧技

术旧产业的衰退。为了保证经济可持续的健康稳定发展，势必需要对经济结构的变化做出调整。如果政府能够敏锐地发现未来产业的发展方向，并做出合理的政策规划，就能加速产业调整的过程，缩短产业调整所需的时间，减少产业转型过程中产生的大量不必要成本，赢得发展先机，抢占下一轮产业革命制高点。

企业是产业发展和产业结构调整的主体，产业发展和结构调整的过程即是不同行业的各类企业建立、发展、成熟、退出等一系列变化的过程。政府应该准确判断未来产业发展方向，结合当前产业发展的实际情况，制定产业转型规划和确保产业成功转型的保障措施。在进行产业规划的制定时，政府要多方面收集企业信息和经济数据，准确接收市场信号并及时进行有效分析，紧跟世界技术变革趋势，并进行细致完善的论证。

需要注意的是，产业规划虽然由政府制定，但一定要坚持"市场导向"，要符合经济规律，紧跟市场发展方向。政府只是起到引导而非指导的作用，不能横加干涉企业的生产经营和决策过程。政府要做的只是创造有利于新兴产业发展的环境，而非为某个特定的企业单独服务。

（二）除了弥补"市场失灵"，还要促进"市场显灵"

一般认为，市场是配置资源的最佳方式，但有垄断、外部性、信息不对称、公共品供给不足等情况存在时，可能会出现市场失灵。这时就需要政府迅速做出反应，通过适当的调控措施，对市场失灵进行矫正。我们经常把弥补市场失灵当成政府的一个重要任务，但实际上政府可以和能做的并不只是如此。

如果把整个社会经济的运行情况比作一个运行着的巨大机器，机器内部运行着数量众多的齿轮零件，市场失灵发生就好比机器故障，齿轮零件卡住了；政府此时需要扮演"车间修理工"的角色，准确找出发生故障的部位并进行修理，以便使机器继续正常运转。而当机器正常运转的时候，车间工人则需要对机器进行保养和维护，以防止故障的再次发生及提升机器运转效率，延长机器使用寿命。日常的维护保养工作和出现故障时的修理工作都具有同样重要的地位。只是我们经常性地给予修理工作更多的关注，忽视了日常的维护保养。

市场机制当前运转良好并不代表市场效率没有进一步的提升空间。不懒政怠工只是作为有为政府的一个最低要求，勤政敬业才是一个有为政府所应该具备的素质。在政府不该插手的地方，政府要管理并约束好自己这只"有形之手"，在需要政府发挥作用的时候，则需要政府"大显身手"。

第五章
粤港澳大湾区医疗器械行业科技创新：
以迈瑞为例

一 医疗器械行业现状

（一）医疗器械定义

医疗器械包含范围广泛，全球几大市场，包括美国、欧盟、中国以及全球广泛使用的医疗器械质量管理体系 ISO 13485 都对其有所界定。

中国对医疗器械的定义来源于《医疗器械监督管理条例》，该《条例》是 2014 年国务院所颁布的医疗器械行业最高级别的法规性文件，其中对医疗器械的定义是：

医疗器械，是指直接或者间接用于人体的仪器、设备、器具、体外诊断试剂及校准物、材料以及其他类似或者相关的物品，包括所需要的计算机软件。其效用主要通过物理等方式获得，不是通过药理学、免疫学或者代谢的方式获得，或者虽然有这些方式参与但只起辅助作用。其目的是：

（1）疾病的诊断、预防、监护、治疗或者缓解；

（2）损伤的诊断、监护、治疗、缓解或者功能补偿；

（3）生理结构或者生理过程的检验、替代、调节或者支持；

（4）生命的支持或者维持；

（5）妊娠控制；

（6）通过对来自人体的样本进行检查，为医疗或者诊断目的提供信息。

中国对医疗器械的定义与 ISO 13485 基本相同，表明我国将医疗器械行业推向国际化的决心。美国是全球最大的医疗器械市场，在美国医疗器械监管部门和美国食品药品监督管理局对医疗器械的定义下，美国的医疗器械不仅包含医院的各种仪器和工具，还包括普通商店中的眼镜框、眼镜片、牙刷以及按摩器等。欧盟是另一医疗器械大市场，欧盟医疗器械指令 MDD（93/42/EEC）对医疗器械的定义不包括体外诊断试剂和有源植入医疗器械。简单来说，在医院里，除了患者、医护人员和药品外，基本都是医疗器械（张峰，2017）。

医疗器械产品多样，根据终端客户和产品特性、医疗器械的风险程度两种分类方法，可将医疗器械大致分为以下几类（见表5-1）：

表 5-1　　　　　　　　　医疗器械产品分类

分类			内容
按终端客户和产品特性分类	医疗机构	医疗设备	护设备、影像类设备（X 光机、CT、MRI、超声等）；诊断设备（血液细胞分析仪、生化分析仪等）、消毒灭菌设备、手术室、灯床、吊塔等
		耗材	一次性输液设备、纱布、海绵等；骨科、心脏支架等高值耗材；手术器械；设备用试剂
	家庭		血压仪、血糖仪、按摩椅、体重秤等
按风险成分分类	Ⅰ		大部分手术器械、听诊器、全自动电泳仪、创可贴、拔罐器、纱布、绷带等
	Ⅱ		体温计、血压计、助听器、针灸针、无创监护仪器、全自动生化分析仪、恒温培养箱、医用脱脂棉、医用脱脂纱布等
	Ⅲ		植入式心脏起搏器、病人有创监护系统、人工晶体、彩色超声成像设备、医用核磁共振成像设备、CT、一次性使用输液器等

注：Ⅰ指通过常规管理足以保证其安全性、有效性；Ⅱ指通过加以控制来保证其安全性、有效性；Ⅲ指用于植入人体或维持生命，对人体具有潜在危险，通过严格控制来保证其安全性、有效性。

资料来源：中国报告网及公开资料整理。

(二) 医疗器械产品生命周期

医疗器械产品生命周期是指医疗器械从研发到产品成形、使用直至报废的全过程。医疗器械产品与人类生命健康紧密相关，各国都颁布了针对医疗器械产品研发的科学性、生产的持续稳定性、注册的安全有限性和销售方面的法规监管要求。因此，研发、生产、注册和销售是医疗器械生命周期四个关键要素（张峰，2017）。

医疗器械的研发涉及生物材料、计算机、信息等多个学科，需要经过长周期的测试和试验以及需要满足行业内高质量、高标准的法规要求，具有高难度、长周期、高标准、高风险、高投入及高收益等特点，所以需要市场、政府、研究机构、金融机构和企业合作来完成其研发。研发成果是整个医疗器械产业的基础。

医疗器械，尤其是介入与植入医疗器械与人体安全紧密相连，各国不仅关注产品质量，而且关注生产质量体系，如美国的医疗器械GMP（Good Manufacturing Practice）、欧盟的医疗器械指令等法规。全球医疗器械行业应用最广、认知度最高的质量管理体系是《医疗器械质量管理体系用于法规的要求》（简称ISO 13485），对医疗器械组织提出了技术和管理上的能力要求。我国制定《医疗器械生产质量管理规范》，提出对企业开办条件和质量体系更加细化的要求，是市场准入和监管部门检查的法定依据。

医疗器械的注册是食品药品监督管理部门根据医疗器械注册申请认定申请，依照法定程序，对其所申请的医疗器械的安全有效性进行系统评价，并给予市场准入与否的审批。注册环节包括申请企业前期工作、申请受理、技术审评、行政审评和证件发放五个步骤。注册审批制度不仅保证了医疗器械的安全有效性，还通过授予医疗器械注册号形成了上市后对该产品市场监督的依据。因此，医疗器械注册是产品研发生产和上市销售的纽带。

医疗器械的销售从销售模式来看，主要分为经销和直销。由于客户主要为各医疗机构，数量多且分布广泛而分散，所以采用经销模式可以降低销售成本，快速地拓宽销售渠道；而直销模式则能更好地保持企业对产品销售的控制，使得销售更有质量，同时也保持了较高的客户黏性。从产品种类来看，品种多样化和个性化程度很高，产品完善和一线医疗相互促进，单个产品规模较小，因此品牌营销成为了医疗器械扩大市场份额的主要手段。目前国内高端医疗器械市场大部分被通用电气、飞利浦和西门子（"GPS"）所占据，近年来中国也掀起了去"GPS"的医疗器械国产化大潮，这就进一步提高了对国内医疗器械企业产品的技术和稳定性要求。另外，医疗器械销售中的售后服务也很重要，优质的售后服务不仅能够建立品牌忠诚度、成为企业稳定的利润来源，还可以获得及时有效的产品反馈，从而不断完善产品。

（三）市场规模

医疗器械行业是事关人类生命健康、知识和资本密集型的高技术产业，将生物医学工程、电子信息技术、现代医学影像等高新技术和传统工业制造业相结合，具有高壁垒、高集中度的特点，一国医疗器械行业的发展可体现该国综合工业制造业水平和科技创新发展能力。

全球范围内的医疗器械行业市场规模不断扩大。一方面，医疗行业与人类生命健康关系密切，需求刚性、中国人口老龄化的趋势也进一步扩大了医疗器械市场容量；而且医疗器械行业门槛比较高，需要企业有一定的技术存量，所以不会出现低门槛恶性竞争的情况，使得有技术的初创企业能很快进入成长期。另一方面，医疗器械行业有其特殊性，与其他行业相比，例如 IT 行业的特征是平台化和水平专业化分工，而医疗设备行业更加封闭，依赖于垂直整合，使得处于成长期的医疗器械企业面临成长缓慢的挑战。但长期来看，全球范围的医疗器械行业保持着较快增速，尤其近年来研发投入的不断增加，以及广泛应用新技术的不断出现，使得技术创新在医疗器械行业快速渗透，为医疗器械行业快速增长奠定了坚实的基础。

1. 全球医疗器械行业市场规模

医疗器械行业的发展同步于医疗健康行业的发展，世界范围内的人口老龄化步伐加快使得对于医疗健康行业的需求增加。此外医疗健康行业受经济周期影响较小，行业稳定性较高，而发展中国家的经济增速扩大了对医疗器械行业的市场需求，长期来看全球医疗器械市场将保持持续增长的势头。根据 Evaluate Med Tech 的统计，2016 年全球医疗器械销售额为 3870 亿美元，相较 2015 年的 3710 亿美元，增加了 4.3%。根据 120 家医疗器械行业内领先公司的数据测算，2016—2022E 年全球医疗器械市场的年复合增长率为 5.1%，预计 2022 年市场规模将达到 5220 亿美元。根据此测算，2017 年全球医疗器械销售额为 4030 亿美元。其中，最大的细分市场是体外诊断（IVD），2016 年全球年销售额达到 494 亿美元，占比为 12.8%；预计 2022E 年销售额可达 696 亿美元，将占整个医疗器械市场的 13.4%（中国药品监督管理研究会，2017）。心血管类、影像诊断、骨科和眼科分别位列细分市场规模的第二、三、四、五位。2011—2022E 年全球医疗器械销售额如图 5-1 所示。

全球医疗器械行业集中度较高，如图 5-2 所示，2016 年排名前 30 的全球医疗器械公司的销售额合计占全球医疗器械总销售额的 63%，预计 2022E 年仍占高达 61% 的市场份额。其中，排名前 10 的全球医疗器械公司占全球份额的 37%。而分散在世界各地的数万家中小型医疗器械公司合计占比不到全部份额的 40%。

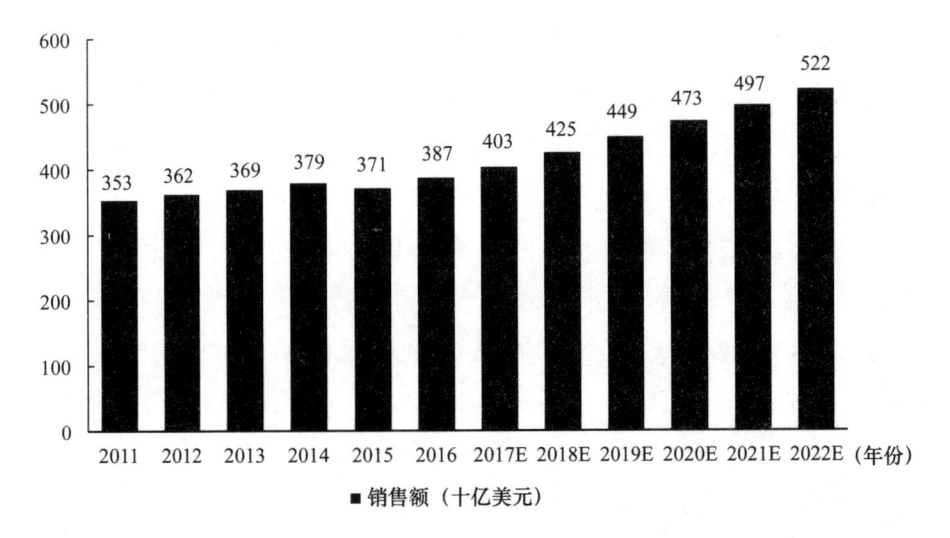

图 5-1 2011—2022E 年全球医疗器械销售额

数据来源:《2017 年全球医疗市场概况以及 2022 年全球医疗市场预测》。

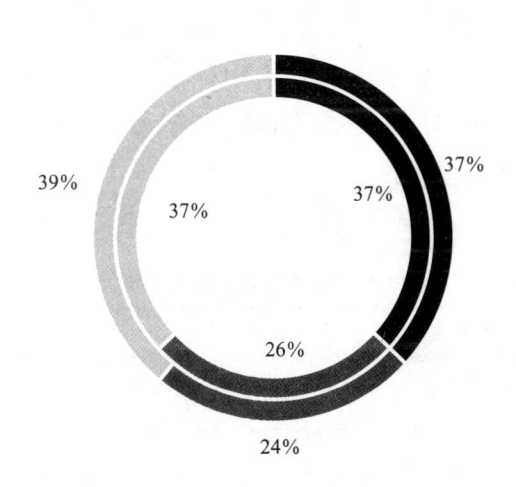

图 5-2 2016 年和 2022E 年全球医疗器械市场集中度

数据来源:《2017 年全球医疗市场概况以及 2022 年全球医疗市场预测》。

从地区分布来看,据统计,美国、西欧、日本共占据全球医疗器械市场近八成份额。其中,美国拥有最大的医械单一市场,消费量占全球的 40% 以上。

具体来看，美欧日等发达国家医疗器械行业起步较早，市场需求对产品的技术和质量要求较高，以产品更新换代为主，市场规模存量较大且增长稳定。其中，如表5-2所示，美国是全球最大的医疗器械生产国、消费国和出口国，研发能力强，技术创新处于领先地位。西欧是全球医疗器械另一大市场，老龄化社会、"计划外"移民以及需要定期更换陈旧设备的医疗体系这三个因素促进西欧医疗器械行业逆经济增长，其中，德国和荷兰是西欧主要的生产国和出口国。日本的医疗器械市场规模也很大，还是主要的医疗器械生产国和出口国，其优势在于医学影像这一细分领域。

中国等亚洲国家和地区，医疗器械行业仍处于初步发展阶段，现阶段市场需求产品普及和升级换代需求同时存在并以中低端产品为主，市场规模扩张动力很足。其中，中国是最具潜力的医疗器械市场之一，中低端产品产量全球最高，是医疗器械行业主要出口国之一。同时，中国正步入人口老龄化以及消费水平迅速提升的社会发展阶段，进一步拉动中国市场规模的扩大，行业增速较快。

表5-2　　　　　　　　全球医疗器械行业区域分布格局

国家/地区性质	国家
全球医疗器械主要生产国	美国、德国、荷兰、日本、中国
全球医疗器械主要消费国	美国、中国、日本、英国、加拿大
全球医疗器械主要出口国	美国、中国、德国、日本、荷兰

资料来源：欧盟医疗器械委员会。

2. 中国医疗器械行业市场规模

2008年医改以来，我国医疗器械行业市场规模进入高速增长的阶段，销售额从2007年的约535亿元到2016年的3696亿元，十年间增长了 5.9 倍，复合增长率为 23.96%，国内医疗器械市场规模增速高于全球增速，成为仅次于美国的第二大医疗器械市场。从 2014 年开始，每年保持 21% 左右的增速，预计 2016—2020 年医疗器械行业将保持 21.5% 的增速，据此测算，2017 年销售额为 4495 亿元。

2010—2017E 年中国医疗器械市场规模如图 5-3 所示。

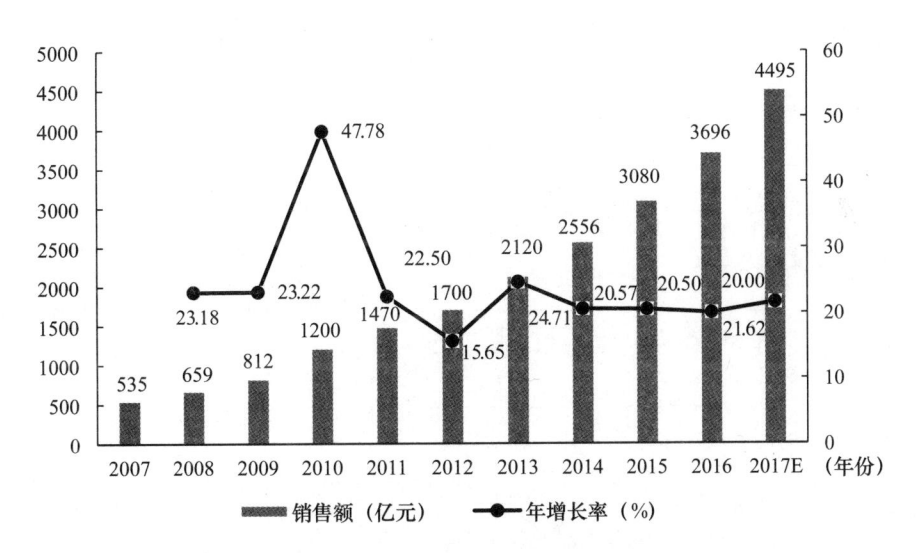

图 5-3　2008—2017E 年中国医疗器械销售额及增长分析
资料来源：WIND 数据库。

从地区分布来看，根据国家食品药品监督管理总局（CFDA）的统计，目前我国医疗器械行业生产企业约 1.6 万家、代理商约 4 万家、经营企业近 19 万家，经营 44 个大类，几十万个规格的产品。从地区分布来看，在华北、华东和华南地区形成了国内医疗器械产业聚集区和制造业发展带，据不完全统计，三大区域的产量和销售量合计占国内市场的 60% 以上（悦虹，2013）。由于各区域自身条件不同，这三大医疗器械产业聚集区呈现不同的特点。中国医疗器械产业的区域分布格局如表 5-3 所示。

表 5-3　　　　　　　　中国医疗器械产业区域分布格局

区域	典型地区或企业	特点
华北	河南省长垣县丁栾镇："中国卫材之乡"	数字化医疗设备具有集群优势
	山东：大型企业	
华东	湖北孝感：全国病理设备生产制造集中地	通常以大包经理制开发市场，以中小型企业为主，是国内材料类、机械类医疗器械产品的生产制造基地
	江苏常州：全国最大骨科生产基地	
	武汉：占有医疗激光设备市场的近50%，在国内高、精、尖类产品市场独占鳌头	
	扬州头桥镇："中国一次性医用耗材之乡"	
	福建莆田：詹、陈、林、黄四大家族医疗集团	
	江西进贤："中国医疗器械第一乡"	
华南	安科：医疗器械的"黄埔军校"	发挥其科技创新优势，以综合性高科技和智能型医疗器械产品为主
	迈瑞：中国医疗器械领军企业	
	华大基因：基因领域的"黄埔军校"	

资料来源：中国医疗器械行业协会。

从国际市场看，随着全球制造业产能转移以及我国综合工业制造业能力提升，我国医疗器械出口量不断增加，而且增速也呈逐年增长的趋势；同时国内市场需求也在推动医疗器械进口额逐年增加，但在近年医疗器械国产化不断深化的影响下，进口额的增速呈现逐年减少的趋势。

我国 2010—2016 年医疗器械出口量、进口额及增长分析如图 5-4、5-5 所示。

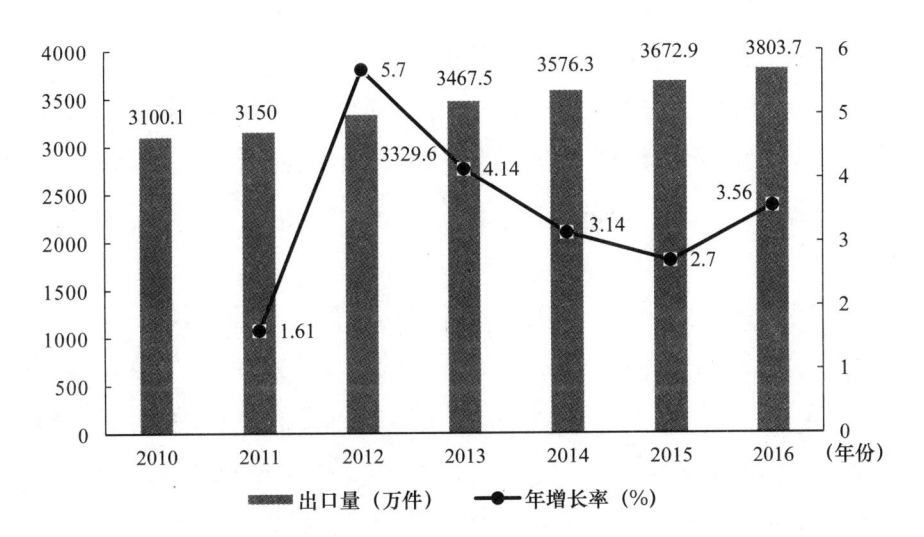

图 5-4　我国 2010—2016 年医疗器械出口量及增长分析

资料来源：《中国医疗器械行业发展报告（2017）》。

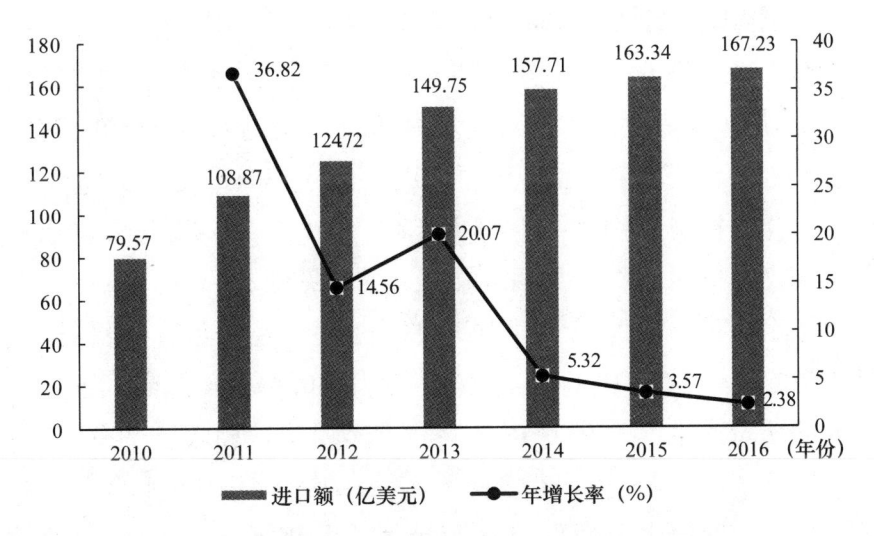

图 5-5　我国 2010—2016 年医疗器械进口额及增长分析

资料来源：《中国医疗器械行业发展报告（2017）》。

二 国内医疗器械行业发展的影响因素

(一) 有利因素

1. 国家政策大力扶持医疗器械国产化

《"十三五"医疗器械科技创新专项规划》明确提出了我国器械行业的机遇和具体发展目标,指出了医疗器械行业前沿和颠覆性技术、共性关键技术、重点产品研发、示范推广以及基地建设这五大方面的重点发展方向。

在技术创新层面上,提高科技创新能力和应用转化能力,不仅有专利等科技创新产出,还能研发出相关前沿产品,即能将知识转化为生产力。在产业发展层面,培育8—10家航母级别的、在国际上有较强竞争力的大型医疗器械企业;建立8—10个医疗器械的科技产业集聚园区,提高产业集聚区的产业配套能力;通过不断加强的监管,倒逼国内医疗器械行业拥有自主知识产权的创新型高技术企业。

2. 国内医疗器械市场需求强劲

近年来,我国经济持续发展,人民生活水平大幅提高,2016年城镇居民可支配收入、农村居民人均纯收入分别从2007年的13786元、4140元上升至2016年的33616元、12363元,年均复合增长率分别达10.4%和12.9%(注:2016年农村居民人均纯收入采用农村人均可支配收入)(见图5-6)。

与此同时,在医疗卫生领域的支出也快速增长。根据国家统计局的统计,2016年全国卫生总费用46344.88亿元,占当年GDP的比重由上年度的6.05%提高至6.2%,相较于2007年的11573.97亿元,在十年间增长了3倍。其中,2015年是一个拐点,全国年度卫生总费用首次突破了4万亿元,占GDP的比重也首次突破了6%。全国医疗保健人均消费支出也保持持续增长,2016年城镇人均医疗保健支出1630.8元;农村人均医疗保

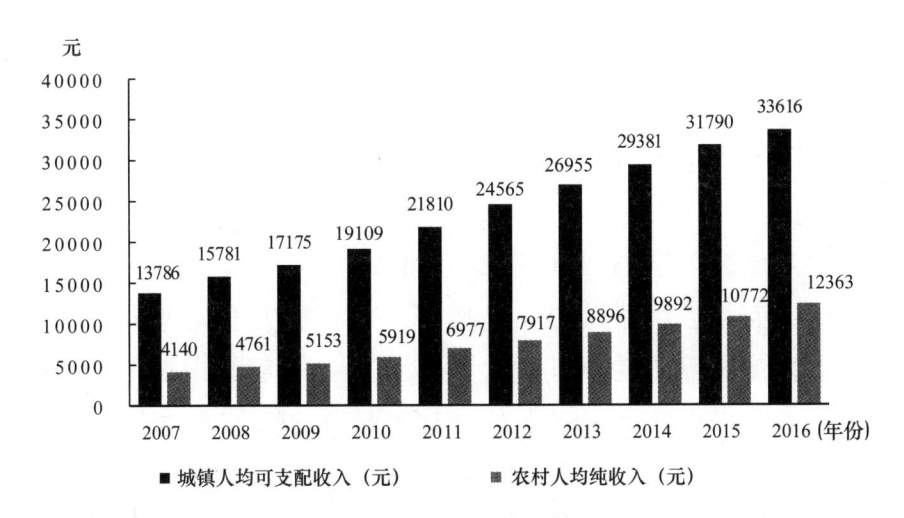

图 5-6 2007—2016 年全国城镇居民人均可支配收入及农村居民人均纯收入

注：(1) 2007—2012 年数据来源于分别开展的城镇住户调查和农村住户调查；(2) 2013—2015 年数据根据城乡一体化住户收支与生活状况调查数据按可比口径推算获得；(3) 2016 年数据来源于城乡一体化住户收支与生活状况调查数据。

资料来源：国家统计局。

健支出 929.2 元。

（二）不利因素

1. 我国医疗器械企业规模小、国际竞争力弱

我国医疗器械企业以中小型企业为主，行业集中度较小；产品以中低端为主，产品价值较低，而国内的高端医疗器械市场基本被国外产品包揽。MRI、CT、PET-CT 等技术高度密集的设备，几乎被通用电气、飞利浦、西门子三家跨国企业垄断，GPS 这三家跨国企业垄断中国高端医疗设备的 70%，而国内设备的占比不足 10%。

根据 Evaluate 的统计，2016 年国际医疗器械巨头美敦力、强生的销售额分别是 297 亿美元、251 亿美元，相比之下，迈瑞作为国内最大的医疗器械生产商，2016 年销售额仅达 90 亿元（折合 12.9 亿美元），还不够美敦力销售额的零头。企业规模小导致研发投入的绝对资金较少，从而严重制约了我国医疗器械企业的技术创新，国内医疗器械产品只能跟随国外技术的步伐，而很少发明前沿关键技术。虽然国内产品在性价比上较高，但是产品稳定性较差，国际竞争力弱。

2. 我国医疗器械行业的研发投入不足

一方面，医疗器械行业是典型的技术创新推动型行业，技术创新推动产品生命周期大大缩短；另一方面，市场的多样化需求、不断提高的相关行业标准以及完善的监管制度反过来进一步促进新一轮的技术创新。而技术创新产出依赖于研发投入的强度，研发投入强度越大，医疗器械行业技术创新越多，所以说研发投入是医疗器械行业发展的原动力。

我国医疗器械行业产品结构同质化严重，在中低端产品市场"厮杀"，通过价格优势而非技术优势来竞争，导致企业利润空间非常有限，相比之下，研发投入的比例和绝对量都相对很少。根据 Evaluate 的统计，2016 年全球医疗器械研发投入合计 269 亿美元，研发投入与销售额之比在 6% 以上，2016 年达到了 6.95%。其中，全球医疗器械行业巨头美敦力 2016 年研发投入高达 21.9 亿美元。根据 Wind 数据库统计，"Wind 医疗保健设备"行业分类中共有 24 家国内医疗器械企业，2016 年研发投入合计 16.44 亿元，平均每家企业研发投入为 6849.66 万元，研发投入总费用与总营业收入之比为 5.25%。

3. 我国医疗器械行业专业人才相对不足

一方面，我国医疗器械企业普遍规模不大，存在中小企业融资难的问题；另一方面，医疗器械行业投资研发成本大、投资周期长、投资风险大，使得投资资金不足，行业内自主创新历程少，技术开发能力有欠缺。而且目前仅有少数国内企业与高等院校和研究所等达成产学研合作，尤其是规模较小的企业缺乏专业人才问题更加突出。

三 医疗器械企业案例分析——以迈瑞为例

(一) 发展历程

1. 创始

1991年深圳迈瑞生物医疗电子股份有限公司(以下简称"迈瑞")在深圳成立,是医疗器械行业的民营企业。随着深圳医疗器械行业以及配套产业的发展,迈瑞在深圳逐渐崛起并成长为中国最大的医疗器械企业。迈瑞在深圳发展一方面得益于安科,安科被称为深圳医疗器械的"黄埔军校",是中科院调配全国医疗器械相关研究所组成的国企控股公司,迈瑞的七大创始人均来自于安科并有科研背景;另一方面是由于深圳的产业链为高科技型企业的发展提供了沃土,30年前的深圳有一批加工型企业,产品包括电路板、电镀、模具等,产品质量管理较好而且能与国际接轨,为迈瑞前期研发生产提供了很好的产业配套环境。随着迈瑞慢慢成长起来,现今深圳很多医疗器械的公司创始人也是从迈瑞走出去的。

2. 发展历程

(1) 战略历程

1991年迈瑞创立后,从代理销售国外医疗器械通用电气、西门子、惠普、日立等知名品牌的生命信息监护产品起家,赚取了上百万美元。迈瑞并没有止步于代理销售,1992年开始了模仿式自主研发,逐渐摸索自主研发产品的道路,同时配合"农村包围城市"的低价销售策略,逐步拓宽了对价格敏感的中小型医院市场。2000年开始进军海外市场,通过设立"本土化"海外代销机构,雇用本地员工将产品推向海外市场。

2008年至今,并购成为了迈瑞扩展战略的主要手段,共并购了12家公司,包括9家国内企业,3家国外企业。通过并购手段，迈瑞一方面可以获得成熟销售和售后服务渠道，帮助迈瑞扩大市场份额；另一方面，可以直接获得并购企业的技术和研发，有助于迈瑞开拓医疗器械各产品领域，进入海外市场。总体来说，迈瑞的并购逻辑是"内外不同"，并购国内企业要求其具有一定的规模，并且营收处于盈利状态，目的在于扩充产品线；而并购国外企业主要以"获得高的专利技术"为出发点，若有较高水平的技术可不考虑营收状况。

（2）研发历程

从 1992 年开始到 1997 年，迈瑞 1 亿元的销售额中，代理产品和自主研发产品各占一半，到 1999 年迈瑞自主研发产品销售额就可达 1 亿元，其自主研发效果初见成效。2003 年，从模仿式研发到自主创新实现了多元化产品布局后，迈瑞开始创建包括核心技术、创新管理及人才培养在内的研发体系。另外，迈瑞通过从海外购买技术或并购海外公司来获得新技术。

迈瑞拥有独立运行的技术研究院，专注于相关领域的前沿技术研究，为企业未来 5 年提供创新原动力。共有 10 个分布于全球的技术研究院，[①] 负责新技术研发和外部资源整合，在具体项目中会与产品线技术人员组成虚拟团队。

除了专门的技术研究院以外，迈瑞拥有完整的研发体系，有两个与技术研究院配合的部门：业务发展委员会和规划部。一旦有了关于技术或产品开发的新想法，都会进入业务发展委员会进行评判，来判断业务发展方向和划分项目类型，最后进行人员和资金的配置，具体落入技术团队或业务开发团队，并且根据项目研发周期给予相应的资金和资源支持。规划部根据全球市场不同需求来规划各地研发中心的研发方向和确定新技术的归属权。规划部具体会将产品及技术划分为核心业务、增长业务和种子业务三种业务类型，再将其分配到各个事业部的

---

① 迈瑞招股说明书。

研发中心。其中，种子业务持续期较长，需要3—5年时间来进一步研究，可分配到临床研究组或技术研究组，临床研究组会结合现有的临床应用技术来挖掘该技术平台的最有价值的临床应用方向，而技术研究组会将技术拓展为一个平台研究项目，并产生一揽子产品规划。新技术与市场需求是打磨新产品不可或缺的两大块，在产品规划流程中，工业设计中心的研发人员会介入，提前验证产品定义，通过用户访谈、人机实验、情景设计等研究方法进行工业设计研发，让新产品更适应市场需求。

（3）融资历程

1997年至2005年，迈瑞新产品开发进程缓慢，研发的巨大投资使其陷入了资金困境，于是引入了风险投资。

随着迈瑞研发实力和产品质量稳步上升，企业慢慢走向成熟并进入了快速发展时期，于2006年在美国纽约证券交易所上市，成为中国第一家在海外上市的医疗器械企业。由于纽交所监管严格，在纽交所上市的企业质量都较高，所以迈瑞在纽交所上市不仅助力企业筹集资金，也为在欧美地区开拓市场提供了一定帮助。纽交所上市后，迈瑞的品牌知名度大大提高，众多代理商主动寻求合作，极大地提高了市场渗透率。

2015年，迈瑞启动了退市私有化进程，截至2016年3月已完成价值33亿美元的私有化交易。同年12月迈瑞开始筹备国内IPO，拟募集资金约66.26亿元，募集的资金主要用于产品制造中心的建设、营销服务、信息系统的建设以及研发创新平台的升级。但迈瑞回归之路并非一帆风顺，2018年2月证监会网站显示迈瑞生物IPO被终止审查，经进一步核实，发现是由于证监会窗口指导口径改变而使得迈瑞在关于无形资产占比中超过主板上市规定，故迈瑞主动撤回IPO申请。3月，迈瑞签订了新的上市辅导协议，迈瑞已迅速重启上市计划，准备在创业板上市。另外，2018年4月证监会将在包括生物科技在内的四个行业中，面向"独角兽"公司开通IPO绿色通道，即报即审，这一政策有望加快作为业内领军者迈瑞生物的上市进程。迈瑞已于 2018 年 7 月 24 日在 A 股创业板成功过会，据 Wind 估算，迈瑞医疗上市后总市值逾千亿，将成为创业板的第二大公司。

（二）医疗器械企业发展现状

1. 总体经营情况

迈瑞的主营业务涉及医疗器械的整个生命周期，包括医疗器械的研发、制造、营销及服务，是中国领先的高科技医疗设备研发制造厂商，近年来也逐渐成为全球医疗设备的创新领导者之一。根据 Wind 数据显示，迈瑞的营业总收入呈逐年稳定上升趋势，如图 5-7 所示，2017 年，迈瑞营业总收入为 111.74 亿元，同比增长 23.72%，其中研发费用为 11 亿元，近 3 年平均研发费用占比达 11.5%，表明公司注重研发投入；海外销售额达 50%，其中来自欧美市场的有 25%，表明公司在国际市场上具有一定地位。同年实现净利润 26.01 亿元，销售毛利润达 67.03%。迈瑞利润率较高的原因在于，在技术门槛比较高的医疗器械产业，公司注重核心技术创新能力，拥有自主研发的自身技术优势；另外，迈瑞还是国家重点软件企业，有 10% 的税收优惠。在成本方面，迈瑞的成本中软件成本占 50%—60%，其余是硬件的成本，而软件的研发成本较高，制造成本却很低，这就拉低了整个成本。

从业内看，迈瑞国内业务市场占有率最大，并保持着强劲增长态势，这主要得益于迈瑞抓住了各级政府都在加大对地区医院的投入以及医保报销政策支持的契机（刘艳，2013），使迈瑞在产品、营销以及售后服务方面都有竞争优势。在产品方面，迈瑞拥有适合国内市场且性价比较高的中端产品；在营销方面，有最大的营销网络及渠道；在售后服务方面，迈瑞不仅有完善的售后服务平台，并且建立了信息化系统，能准确地得知产品运行及维修状态，并有能力召回产品。预计在医改意见、分级

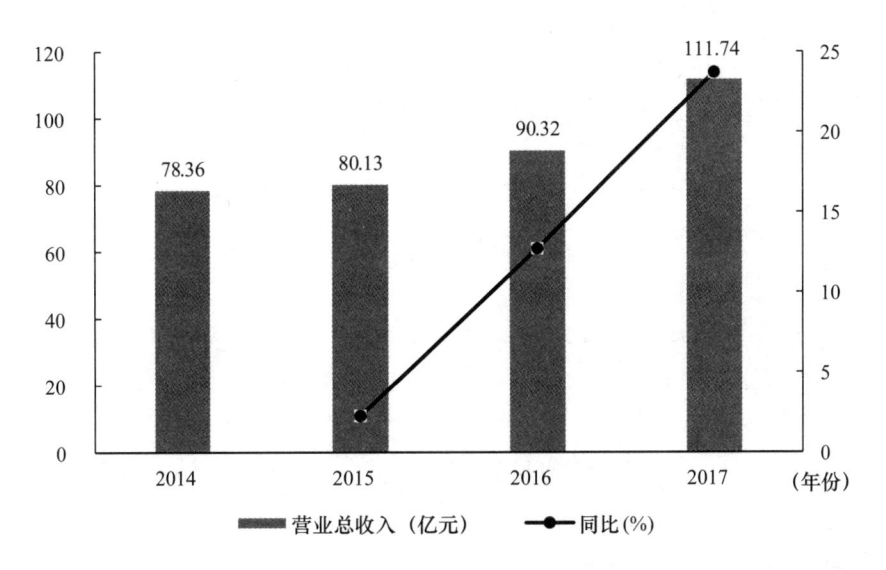

图 5-7　2014—2017 年迈瑞营业总收入

资料来源：Wind。

医疗诊治制度等政策背景下，不断扩大的国内市场将成为迈瑞持续增长的主要动力。

2. 产品结构与经营模式

迈瑞产品涵盖生命信息与支持、体外诊断和医学影像三大领域，共有医疗产品 400 多个，试剂类 160—170 种，器械类 240—250 种；同时迈瑞拥有国内同行中最全产业线，以安全、高效、易用的"一站式"整体解决方案满足临床需求。迈瑞的态度是"专注，务实"，专注于医疗器械行业的技术和产品创新及推广，公司的三大产品线和主要经营模式如表 5-4、5-5 所示。

表 5-4　　　　　　　　三大产品线

产品线	主要产品	设计使用年限	主营业务收入比例
生命信息与支持	监护仪、除颤仪、麻醉机、灯床塔	10 年	38%—40%
体外诊断	体外诊断分析仪及试剂	5—10 年；90 天—2 年（试剂）	30%—34%

续表

产品线	主要产品	设计使用年限	主营业务收入比例
医学影像	彩超产品	10 年	26%—28%

资料来源：Wind，公司公告。

表 5-5　　　　　　　　　　主营经营模式

经营模式	类型	含义
采购模式	供应商导入和考核	依据原材料质量管理体系，从技术、质量、服务、交付、成本等考量新原材料供应商
	采购执行	一般采购模式：依据采购请求采购原材料
		外协加工采购模式：提供原材料、图纸等，支付加工费用
生产模式（以销定产、适当备货）	自行生产	深圳、南京生产基地：产品生命周期管理，与产品研发相配合
	劳务外包	将非核心、代替性强、劳动密集型的生产工序外包
销售模式	直销	美国市场
	经销	中国、拉丁美洲及其他发展中国家地区市场；利用经销商的当地资源，迅速占领未开发市场，利于提升产品市场占有率，及时获取市场信息
	直销、经销共存	欧洲市场

资料来源：Wind，公司公告。

3. 科技创新能力

（1）研发投入

迈瑞的"科研基因"，始于 20 世纪 90 年代在美国做医疗器械代理商，通过代理进入医疗器械行业的同时也在走从模仿到创新的道路。1992年迈瑞研发出了第一台监护仪；从1994年开始，迈瑞每年将销售额大于10%的比例投入研发，坚持自主创新和掌握核心技术的目标。2017年销售额是110亿元，投入科研的有12亿元，而且不包括工厂技改等其他科研投入，若按照政府的R&D统计来算，迈瑞R&D可达11%—15%。

从人员结构来看，正式员工有7651人，1674人是"纯粹"搞研发的，其中60%以上是硕士，博士占比较少，因为博士科研能力强但工程能力不一定强，而迈瑞更注重工程能力，即技术转化能力。

从研发能力和成果来看，迈瑞每年推出10余款新产品，平均每款产品至少运用10项专利技术，全部用于产品的专利有2700项，其中15%是美国发明专利，虽然专利绝对数量不高，但质量很高。

（2）研发中心

迈瑞事业部的研发中心有两个平行的组，一个组是根据不同技术方向细分为不同的技术部门，专门研发医疗器械产品所需的新技术；另一个组是新技术探索组，研发具体产品线技术，该小组与软硬件、测试、整机验证、临床、工艺设计、技术法规等组合作来完成产品研发的整个流程，进行业务层面的创新。

目前迈瑞共设有8大研发中心，共1700多位研发工程师，分布在美国的西雅图、新泽西，中国深圳、北京、南京、西安、成都等地，其中由于医疗器械是以西医为知识基础而发明的，故前沿研发科研所基本分布在国外。

（3）产学研合作

产学研合作是迈瑞技术创新的重要形式，结合企业需要形成了以企业为主导、市场为导向的产学研一体化合作模式，从创新端和生产端两方面推进了产品研发生产的过程，使技术创新与临床需求相互促进。

迈瑞主要与医院、科研机构和高等学院达成产学研合作，包括 Eco Lab Group、中国人民解放军总医院、深圳市人民医院、美国迈阿密戴德杰克森纪念医院等。其中，迈瑞与医院的产学研合作主要涉及医疗设备临床验证评估以及生物样本的提供，与科研机构及高校的产学研合作主要涉及医疗设备检测实验室的提供及技术研究的合作。

（4）自主知识产权

据 Innography 统计，截至 2018 年 5 月 16 日，迈瑞专利总数达 3161 个，其中活跃专利有 1712 个（郭万达，2017），达 54% 以上；发明专利达 746 项，上榜 2016 年度全国发明专利拥有量 50 强榜单，成为了唯一上榜的医疗器械企业，排名第 40，表明迈瑞的专利不仅数量较多，而且专利质量很高。

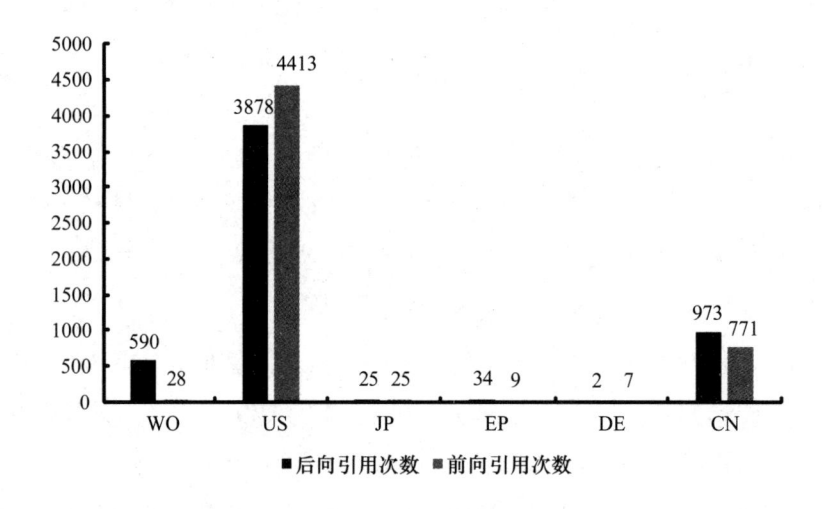

图 5-8 迈瑞专利的引用次数

数据来源：Innography[①].

专利引用是指一项专利引用其他专利和论文或被其他专利和论文所引用，即后向引用和前向引用，可以促进技术的合法扩散。专利引用次数也可分为引用其他专利次数和被其他专利

---

① 2018 年 5 月 16 日，https://app.innography.com/companies/20033062。

引用的次数,即后向引用次数和前向引用次数,后向引用次数较多的专利反映了该专利对其他专利的参考和传承,前向引用次数较多的专利反映了该专利在某技术领域的基础性和先进性。截至2018年5月15日,迈瑞专利的后向引用次数总计达5502次,其中对美国专利的后向引用次数最多,占70%;前向引用次数总计达5253次,其中美国专利的前向引用次数最多,占84%(见图5-8)。表明迈瑞专利在医疗生物领域有很好的传承性,同时也具有很高的基础性和先进性。

以专利为表现形式的高新技术企业,难免会陷入知识产权纠纷中。迈瑞近年来有很多关于专利的官司,如2009年与理邦的知识产权官司,共向法院诉讼了37项,法院受理了21项,但由于知识产权案件本身的复杂性和难以界别,最终经过了前后七年的官司,只判了5—7项,共理赔3000多万元,但与公司的损失和打官司产生的费用相比只是杯水车薪。而对于侵权企业来说,相比理赔金额,侵权可以带来更大的利润,而且打官司周期长,等判决结束并生效时侵权产品已经可以更新换代,所以不影响侵权公司的生产销售。

对于同行业的大公司的知识产权侵权情况,首先,建立管理信息化系统和良好的全球知识产权保护体系,通过技术手段从内部和根源上保护知识产权,同时在雇用员工时就签署相关知识产权保护合同;其次,公司选择针对个人打官司,知识产权侵权案件中有很大一部分是科研人员流动造成的侵权,在此类案件中可直接起诉个人。

四 深圳创新驱动:政府的角色

深圳市政府作为全国服务型政府的先驱者和领先者,致力于制度创新,为企业创新创业创造良好的营商环境。根据《深圳市国家可持续发展议程创新示范区建设方案(2017—2020

年)》,深圳将打造成为创新驱动引领区,政府不仅致力于完善全链条创新体制机制和政策,更是将创新与产业化相结合,通过"企业论证"来制定具体可施行的产业引导政策、产业规划政策,加快高新技术产业、新兴产业的发展,使创新成为引领发展的第一动力。

(一) 改善营商环境

自1978年以来,深圳陆续经历了观念创新、制度创新和技术创新三个改革创新阶段,其中,深圳政府是制度创新重要的主体。1987年,深圳颁布《关于鼓励科技人员兴办民间科技企业的暂行规定》,自此科技人员能够以专利等知识产权的方式来技术入股,这一《规定》揭开了民营科技企业的序幕。2013年,深圳启动商事登记制度改革:试行"三证合一"制度,截至2017年底,深圳商事主体由改革前不足100万,迅速增加到306万户,商事主体总量、增幅以及创业密度继续保持全国第一,为创新创业提供了公平、透明、可预期的营商环境。在改善营商环境方面,1997年深圳率先开展行政审批制度改革,如今已开展了7轮,2018年1月政府出台《深圳市关于加大营商环境改革力度的若干措施》的文件,在贸易投资环境、高效的产业发展环境、人才发展环境、透明的政务环境和公平公正的法治环境等方面做出了制度创新,为创新创业提供了公平、透明、可预期的营商环境,激发了市场创新活力,促进了深圳企业创新。

(二) 完善创新体制机制

深圳已搭建包括基础研究、技术开发、成果转化、金融支持、知识产权保护的创新全链条,并通过完善链条中各个部分的创新体制机制,颁布创新驱动政策来推动深圳成为国际创新中心。

《中国城市科技创新发展报告2017》显示，在创新资源、创新环境、创新服务和创新绩效4个一级指数中，深圳的创新环境、创新服务和创新绩效3项指数均在全国名列前三，但是创新资源指数仅仅排第25位，是一个明显的短板。针对深圳在创新资源上的短板，深圳大力发展基础科学研发，积极引进科技创新人才，通过设立创新人才评价机制、海外高层次人才引进机制、推进高等教育创新改革等举措来完善"创新人才"机制。从原来的小微创新到如今的向国际尖端创新发力，高端人才的不断会聚是深圳创新驱动的核心要素之一，也是发展基础研究的重要部分。

在技术开发环节，深圳设立技术攻关项目，以突破产业发展共性关键技术为目标，对高新技术产业重点领域、优先主体、重大专项的关键技术予以资助，企业、高校和科研机构均可申请。仅在2017年，该项目就筹建了8个重大科技基础设施，新组建基础研究机构3家、制造业创新中心5家、海外创新中心7家，新设立新型研发机构11家和创新载体195家。

在成果转化环节，深圳从1999年建立虚拟大学，旨在通过建立中介关系，实现高校成果在深圳的有效转化。虚拟大学为入园高校提供资金用于环境建设、企业孵化的支持以及实验室的建设，通过产业对接会为企业和高校提供技术产业化的平台和途径。近年来，虚拟大学也进一步成为深港科技联合创新和培养科技创新人才的平台，在技术供应端又涌入了一批高新企业的大型科研机构，进一步加强了深圳的科研成果转化能力。

创新创业离不开资金的支持，深圳积极探索设立科技保险、科技金融租赁公司等创新型金融机构，支持有条件的金融机构与创业投资、股权投资机构合作，为创新型企业提供专业的金融服务。另一方面，深圳致力于完善知识产权立法，探索知识产权保护机制，为创新创业提供良好的知识产权保护环境。

（三）产业政策推动创新

深圳政府对于创新创业非常宽容，产业政策引导也很超前，通过"企业论证"来制定与企业创新发展相匹配的产业政策，是中国"服务型政府"的标杆。深圳利用企业在竞争市场中"摔打"出来的市场经验，通过举办政府科研会议，总结"顶尖"企业的需要和经验来制定产业引导政策，引导创新产业发展进行高效的资源配置，也就是所谓的"企业论证"。

在产业规划政策上，针对建设国际科技、产业创新中心的任务，深圳积极抢占高科技和高新技术发展的制高点，集中发展战略性新兴产业，出台了《深圳市战略性新兴产业发展"十三五"规划》《深圳市关于进一步加快发展战略性新兴产业的实施方案》《重大技术攻关》等一系列政策，根据发展要求，提供了产业空间保障、财政资金支持、人才引进政策、促进粤港澳产学研的交流合作及基础实验室建设等重要资源和支持，在实践中进一步修订完善政策建议等，向"学习型政府"迈进。

（四）厘清政府和市场的关系

1. 不做运动员，不当裁判员，当好后勤人员

如果把这些企业比作一个个运动员，那么市场就是这场比赛唯一的规则制定者和裁判员。那么政府应该以什么身份参与到这场比赛中去呢？显然，对一场运动会的成功举办来说，做着服务工作的后勤人员也同样必不可少，赛场上运动员取得优异成绩的背后都有着后勤保障人员的辛勤劳动。

政府要树立服务意识。摒弃对传统政企关系的简单片面的认识。政府和企业不只是管理和被管理的关系，监管和被监管的关系。企业和广大民众一样是创造财富的主体，也应该和民众一样，成为政府服务的对象。政府为企业提供优质的服务，企业才能更好地发展，创造更多的财富。政府需要强化责任意识，规范行为，杜绝吃拿卡要。遇到企业和民众反映的问题，不推托，不逃避，要尽最大努力解决问题。

政府要提升服务能力。塑造服务型政府，需要加强公务员队伍的自身建设，改善自身素质，提升行政效率和工作能力。这种能力的提升不是一朝一夕就能获得的，需要在工作过程中不断学习，总结经验。特别是要从服务对象身上学习，加强与服务对象之间的沟通和交流。

2. 互相学习，共同进步的"战友关系"

企业和政府虽然是差别比较大的两类不同主体，但它们往往在许多方面有着共同的利益。企业是区域财富创造的主体，地方 GDP 的高低在官员的绩效评价占有重要的地位。企业能给当地带来税收，增加政府的财政收入。企业能创造大量工作岗位，减少当地失业率。区域内政府和企业往往有着"一荣俱荣，一损俱损"的关系，不同区域之间企业的竞争，对区域内整体的经济发展都会产生重大影响。

因此，政府有很强的内在动机支持区域内企业特别是龙头企业的发展。企业在发展过程中以及政府的政策实施过程中都会面临各种各样的新问题，解决这些问题，靠企业或政府单方面的努力显然是不够的，需要二者进行有效的沟通交流，才能合作共赢。政府在起草制定政策规划时，要多了解企业的实际情况，包括企业经营过程中遇到的困难，以及相应的诉求和愿望等。这样的政策制定才能有的放矢，更好服务于企业实际需要。同样地，企业在做出重大的经营决策时，需要及时了解有关政策的最新动向，包括对该行业的扶持、监管等政策，减少政策不确定性带来的风险，做出未来产业发展的合理预期。建立政府和企业之间的长效沟通机制，政府对企业的意见要进行充分的考虑，对企业的建议要做出积极的反馈。对事关区域内经济发展的重大问题，要充分交换意见，深入展开对话，得出最佳解决方案。

第六章
粤港澳大湾区建设科创中心：
深港跨境产学研合作
——基于深圳虚拟大学园的案例分析

一 引言

　　世界著名湾区的发展历程和趋势充分印证，全球科技创新中心是湾区建设的核心属性。粤港澳大湾区国际科技创新中心建设已上升为国家战略，是我国实现创新驱动发展的核心支撑。在粤港澳大湾区建设背景下，深港跨境产学研合作是两地共谋创新发展的重要举措。深圳作为改革开放的排头兵，也在产学研合作的道路上不断探索和发展。从开始创办大学、最早的科技工业园，到最早的专职科技成果转化组织，再到最早的虚拟大学组织，直到新近建立的一系列产学研联盟、新型科研机构以及特色学院的兴起，深圳一直处于高校成果转化和产学研结合改革和试验的实践前沿。

　　为打造粤港澳世界级科技创新湾区，必须充分发挥湾区内各地区的比较优势，其中深港跨境产学研合作是重要的科技创新模式。本章将以深圳虚拟大学园内香港高校深圳产学研基地的现行模式出发，探讨跨境产学研合作的机制问题。本章的研究基于对深圳虚拟大学园内部分香港高校在深圳的产学研基地的调研来展开分析。通过案例分析总结深港跨境产学研合作的创新模式特点、优势、成绩和不足，并提出建议。我们发现：第一，深港产学研合作依托的主体具有创新性，既有大学、科研机构、事业单位和企业的属性，但又不同于大学、研究机构、事业单位和企业；第二，深港产学研跨境合作在诸多方面具有优势，通过结合香港的科研实力以及深圳完备的产学研链条和创新氛围，深港跨境合作在产学研多方面取得了较大成效；第三，深港跨境产学研合作依然面临人员流动、资源流动、制度建设三个方面的问题。最后本部分针对深港跨境产学研合作的人流、物流、资金流的跨境流动障碍提出相应的政策建议。

二 深港跨境产学研合作的创新模式

（一）深港合作与深圳大学园发展历程

根据付俊超（2013）的分类，国内产学研合作的一般模式包括技术服务和技术咨询、技术转让和合作开发、校办企业及大学科技园等模式。其中，大学科技园是以科研型高校为依托，主要任务是促进科技成果转化、为高新技术企业实行孵化，为企业培养创新型人才。大学科技园将大学的智力资源与社会优势资源结合起来，为产学研合作提供了重要的支撑平台，是高校与社会之间联系的纽带，同时也是高校科研功能的扩展，科技创新活动十分活跃。深圳虚拟大学园正是大学科技园的典型代表。

深圳产学研主要经历了三个阶段：20世纪80年代，创立深圳大学、深圳科技工业园，为科技工业园的探索及后来高新区的建立奠定了重要基础；90年代，深圳市政府与科技部合作成立了以科技成果转化为宗旨的中国科技开发院，开办深圳职业技术学院和深圳清华大学研究院；21世纪以来，成立虚拟大学园，启动深港创新圈，兴办大学城、公共技术服务平台和新型科研机构，给深圳的技术成果转化和产学研结合注入了新的活力（曾国屏等，2013）。从最初深圳与北京大学、香港科技大学合办的深港产学研基地发展为如今虚拟大学园内部六所香港院校深圳研究院，深港跨境产学研合作也在稳步推进。

深圳虚拟大学园成立于1999年，通过十多年的不断发展，逐步形成了特色鲜明专业突出的研发机构聚集地、高端人才宜聚地和中小科技企业集散地。深圳虚拟大学园从成立初期便加强同香港高校的合作，与香港大学、香港浸会大学、香港城市大学、香港理工大学、香港科技大学、香港中文大学6所香港高校合作，建立了6个研究院（见表6-1）。

深圳虚拟大学园为园内高校提供了大量的配套服务，主要包括：（1）启动设立资助。对符合条件的院校、研究机构资助启动经费、免费提供办公用房等。（2）孵化资助。对符合一定条件的企业给予资金支持。（3）研究生实习补贴。符合成员院校扶持经费资助条件的单位，对其来深圳实习的研究生给予资助。（4）土地优惠政策。包括对初期入园的院校零地价出让以及后期实行以优惠价收取土地租金至今实现的土地招拍挂，有利于降低学校的用地成本。（5）交流平台。举办一系列互动会、项目推介、走进企业、院校访港等活动（李忠祥，2012）。

与香港城市大学、香港理工大学、香港科技大学、香港中文大学建立香港院校深圳产学研基地4个，占地2.6万平方米，总面积6.5万平方米，总投资4亿港币。

表6-1　　　　香港6所高校在深圳的产学研机构

	单位简介	研究领域
香港大学深圳研究院	2011年成立，隶属于香港大学的驻深事业单位。研究院致力于发展高新知识转移、产业孵化，引进重点实验室和研发中心，培养复合型科研人才	覆盖人文和理工等多方面

续表

	单位简介	研究领域
香港中文大学深圳研究院	2007年成立，香港中文大学在内地的一流的产学研平台，把香港中文大学的科研、教学资源和成果应用于实践，为深港科技融合提供高效的平台	农业与食品安全、生物技术、互联网与信息技术、经济与人文社科
香港科技大学深圳研究院	2001年成立，是连接深港两地科研和学术交流的桥梁。2011年9月，港科大深圳产学研大楼正式启用，科大深圳产学研大楼设有配套服务机构、大型报告厅、课室等，目前有多家企业、大学实验室入驻，并且聚集了许多来自香港科技大学的顶尖专家团队	生物医药、电子封装与材料、物联网、机器人与自动化技术、智能无人机技术、海洋环境
香港浸会大学深圳研究院	2000年成立，最早加入深圳虚拟大学园的成员院校之一。浸大深研院着眼于高层次科学研究、学术交流、人才培养、成果转化、技术服务和高新技术企业孵化	理学院：化学、生物和物理等 中医药学院：中药鉴定与品质控制、抗炎与抗癌研究等
香港理工大学深圳研究院	2000年成立，隶属于香港理工大学的驻深事业单位，首间入驻大学园的香港高等院校。主要业务范围为科研课题的开发、科研成果的转化、咨询、工商及信息管理研究生以上层次继续教育等	健康科学、低碳环保为主要科研方向
香港城市大学深圳研究院	2001年成立，由香港城市大学独资、为推动与内地科研院所在人才培养、科技研发及知识转移等方面的合作而成立的事业单位	信息通信、生物医药、互联网、新材料、环境生态保护

（二）虚拟大学园跨境合作模式分析

1. 组织构建：院企并行各司其职

高校在深圳设立研究院具有"四不像"特征：第一，既是企业又不完全像企业，实现目标创新。第二，既是事业单位又不完全像事业单位，实现机制创新。第三，既是研究机构又不完全像科研院所，实现功能创新。第四，既是大学又不完全像大学，实现文化创新。

香港高校在深圳的产学研基地也具有类似的组织架构，通常以两个平行机构的模式运作。一是以港校深圳研究院为主体，属于事业单位性质。作为事业单位的港校深研院部门，主要承担人才培养、技术开发、技术转让、技术咨询等活动。同时，香港高校深圳研究院可作为政府科技项目基金的依托单位，为师生提供较广阔的项目申请平台。港校师生通过深研院可申请国家自然科学基金、中国科技部科技计划、广东省科学技术科技计划、深圳市科学技术科技计划等政府项目。二是以港校产学研基地有限公司为主体，属于企业性质，是外国法人独资的有限责任公司。作为企业单位的港校研发有限公司，主要负责为香港高校在中国内地的高新科技课题的研发、推广、成果转化及企业孵化提供基地、平台、信息咨询、合作交流、技术服务及技术支持等配套服务，以及进行自有物业管理等。

案例：香港理工大学深圳产学研基地

香港理工大学产学研基地于2011年正式启用，包括两个独立法人单位，如图6-1所示，分别是香港理工大学深圳研究院及理大产学研基地（深圳）有限公司，通过两个独立的法人单位，协助香港理工大学成功获得多项内地科研项目经费，并与内地企业或科研院校签署合作协议。加强香港理工大学与深圳及周边省市企业的合作和人才培训工作，支持整个地区的经济及科技发展，为香港理工大学各学系及研究部门提供科研、培训、孵化一站式服务。

2. 资金来源：市校共建，相互扶持

深圳虚拟大学园创办初期，在高新技术产业园区设立了3000平方米的启动区，各驻园大学的租金和物业管理费用由深圳市政府负担，同时免费提供设施、设备供校方使用，并为每个大学提供一个赴香港长期通行证。同时在基地建设过程中，政府致力于营造公平公正的环境，出资建设公共基础配套设施，

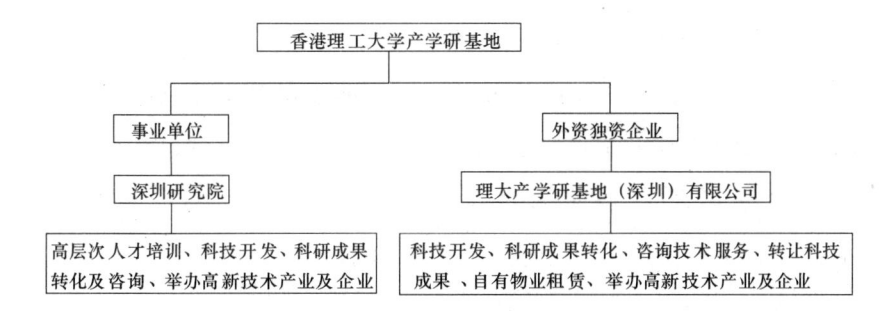

```
                  ┌─────────────────────────┐
                  │   香港理工大学产学研基地    │
                  └─────────────────────────┘
                      │                │
          ┌───────────┘                └───────────┐
   ┌──────────────┐                         ┌──────────────┐
   │   事业单位    │                         │  外资独资企业  │
   └──────────────┘                         └──────────────┘
          │                                        │
   ┌──────────────┐                     ┌────────────────────┐
   │   深圳研究院  │                     │ 理大产学研基地（深圳）│
   │              │                     │      有限公司       │
   └──────────────┘                     └────────────────────┘
          │                                        │
  高层次人才培训、科技开发、科研成果         科技开发、科研成果转化、咨询技术服务、转让科技
  转化及咨询、举办高新技术产业及企业         成果、自有物业租赁、举办高新技术产业及企业
```

图6-1　香港理工大学产学研基地构架

帮助高校确立面向市场的发展理念。而香港高校主要负责楼宇建设、仪器设备投入。在正式运营后，深圳产学研基地基本都面临着"自收自支、自我发展"的状况，主要的资金来源于纵向项目即政府划拨资金、横向项目即与企业合作获得的资金。

3. 人才政策：吸引、培养、留住人才

第一，合作办学，吸引人才。从20世纪80年代至今，粤港两地高校间的合作办学经历了30余年的发展历程。从改革开放后到回归前，由于当时港英政府不认可内地大学的学历，这一时期的合作办学主要集中在成人高等教育领域的非学历教育，多为函授、课程班、培训班等，全日制学历教育的合作办学很少（韦惠惠，2011）。香港回归后5年内，粤港两地高校的合作办学仍然集中在成人非学历教育领域，香港合作方主要以教育培训机构为主，广东的高校主要以地方院校为主，研究型大学间的学历教育合作办学还没有出现。教育交流仍旧是通过高校或民间教育组织来实施。CEPA颁布以后，两地高校在合作发展成人高等教育的同时，开始进行学历教育的合作办学，层次不断提高，形式灵活多样。其间，合作办学主要有以下三种形式：高校间本科生交换计划、校际合作办学项目、合作办学机构。

跨境合作办学能使资源得到充分的利用。正如我们所知，香港教育具有师资国际化、课程国际化的特征，有利于合作课程设置和教学与国际接轨；同时合作办学使学生能够共享国内高校与香港高校的丰厚资源；在一定程度上还能增加各地学员之间相互交流的机会。深圳由于自身缺乏高校，目前港校深研院的合作办学的学历项目通常选择与其他内地高校合作。而部分非学历项目则致力于为珠三角地区的企业和政府机构培训人才。

案例：香港理工大学深圳研究院教育中心

香港理工大学深圳研究院教育中心，前身为香港青年工业家协会深圳培训中心。经过10年的逐步发展，其已经从以往单一的培训服务中心，逐渐过渡到并成为理大在内地辐射至全国各地的招生宣传及支持中心；同时也积极地引进理大与内地著名大学的合作办学项目，使中心的课程项目更加多元化。香港理工大学深圳研究院教育中心是香港理工大学在内地的其中一个高级人才培养基地，主要为珠三角地区的企业和政府机构培训人才。目前，在基地培训中心在读的学生有330名，他们都是来自工商企业的中高层管理人员。

在学历教育方面，比如MBA课程是香港理工大学与西安交通大学根据中外合作办学条例的有关规定，经教育部批准的合作办学课程，学员完成课程、达到毕业要求后，授予香港理工大学工商管理硕士学位，学位证书获国家及国际承认。理大的MBA课程自2010年起开始实行内地和香港采用一致的课程结构，促进两地学员的互动和交流。

在非学历教育方面，为了支持珠三角地区的企业发展以及社会发展需要，教育中心也为内地企事业单位提供量身打造的专业培训服务，支持其持续发展，并举行适合不同业界人士的行业论坛、研讨会。可以看出，非学历教育主要开展与深圳合作的探索，提供针对性定制式的课程。

第二，依托平台，培养人才。博士后科研人员是推动实验发展的主力军，在虚拟大学博士后工作站建成之前，香港高校在内地招收博士后需要与内地大学合作，沟通成本较高。深圳市虚拟大学园博士后科研工作站 2006 年经国家人事部批准设立，2015 年 11 月国家人事部批准该工作站独立招收博士后科研人员资格，成功吸引多所香港院校加盟深圳虚拟大学园博士后工作站平台，成为港校招收人才的重要依托。通过虚拟大学园的平台招募，可以节省行政成本，使资金更多地用于科研。

第三，政策配套，留住人才。人力资源是促进科技创新的重要保证。尽管深圳市缺乏高等教育的先天优势，但其凭借一系列配套的人才政策，为创新型人才在深圳成长创业培育了丰厚的土壤。尤其是对于从事科研的主要力量，深圳市提供一系列配套的博士后政策，为符合条件的在站博士后给予生活补贴，每人每年 12 万元，直接进入个人账户，由博士后人员自行支配，总额不超过 24 万元。

4. 科学研究：基础研究与应用研究并重

香港港校通过在深圳设立研究院，开展各项科研活动，其中既包括与政府对接的纵向项目，也有同产业界合作的横向项目。

第一，基础研究，服务政府。香港高校依托虚拟大学园的实验平台，根据自身特色学科，与国家、省市级政府合作，开展基础研究领域的活动，带动深圳市原始创新领域的发展。

案例：香港科技大学深圳研究院

（1）研发中心：香港科技大学深圳海洋环境实验室、香港科技大学深圳电子封装材料实验室、香港科技大学深圳机器人与自动化技术中心、香港科技大学深圳物联网研发中心。

（2）研发平台：香港科技大学深圳研究院作为政府科技项目基金的依托单位，为广大师生提供较广阔的项目申请平台。

（3）研发项目：研究院积极承担国家、省、市各级科研项目，努力推动科学前沿探索和科技应用创新。目前，共计承担政府及商业项目合计 151 项（其中政府项目 106 项），合同金额 1.4 亿元，23 个 100 万以上重点/重大/平台项目，催生了多个实验室，2015 年获批成为广东省新型研发机构，2016 年获批成为深圳市创客服务平台。

自 2011 年以来，香港科技大学深圳研究院作为首席科学家单位所承担的国家重大项目有：

表 6-2　2011 年以来香港科大深圳研究院承担的重大项目情况

科技部"973 计划"	老年痴呆症的分子机制研究	叶玉如院士
科技部"973 计划"	聚焦诱导发光的基本科学问题	唐本忠院士
国家自然科学基金重点项目	中国南方典型河口生物的重金属生物动力学与毒理	王文雄教授

第二，应用研究，立足产业。香港高校深圳研究院立足于深圳，南临香港，北接内陆，发挥桥头堡作用。在全球科技创新的大浪潮下，结合港科大精选学科和杰出教授，形成一批围绕国家新兴战略性产业的优势领域。

案例：绵俪香港科大化妆品创新研发中心

深圳绵俪日用化工有限公司成立于 1996 年，是一家融研发、生产、营销为一体的综合性外商独资美容化妆品企业。2015 年 10 月 16 日，绵俪香港科大化妆品创新研发中心成立。绵俪与香港科技大学的合作已有历史。早在 2012 年，绵俪与香港科技大就开始对化妆品天然原料进行探讨。2013 年，双方共同研究了燕窝提取物的具体功效，并对提取工艺进行改良，新产品雏形初现。2014 年共同开展燕窝美白有效组分和冬虫夏草功效、提取工艺及系列产品的研究。绵俪与港科大的深度合作，既能发挥绵俪 20 年的产业化积累优势，又结合香港科技大学的人才和科技力量，是港科大实践研究成果的最好体现，也将使绵俪与国际化妆品品牌的研发配方技术同步，和充分保证绵俪产品原料的领先性和品质的稳定性。

5. 产业孵化，成果落地

曾国屏等（2013）指出虚拟大学园内许多高校研究院或多或少都是在模仿深圳清华大学研究院的模式，而深清院更多的贡献并非是将清华大学的技术成果搬到深圳来转化，而在于充分借助和发挥了自己在挑选、孵化和培育潜力技术和企业方面的卓越科技能力，孵化了一批优异的高技术企业。本部分以香港科技大学创新创业中心以及蓝海湾孵化器为例，分析香港高校深圳产学研基地在产业孵化方面的经验和成效，并对市场孵化器与高校孵化器的优劣势进行比较。

第一，创新创业生态。基于香港科大19年创业教育和孵化经验，港科大深圳平台秉承科大传统与社会使命，搭建创新创业生态，为创新创业人士提供支持。寻梦：苗圃直通车。引进科大创新教育及资源，结合深圳创业环境和条件，培养科大学生中有意在深发展事业的"种子"。摸索：创新创业孵化中心。为科研项目、早期创业团队提供最长两年的低成本办公场所。提供基础咨询、推广服务。协助团队走过最早的创业路程。实战：蓝海湾孵化港。为创业企业提供全方位的孵化服务，与团队共同前进。培养更多有价值的创新型企业，贡献深圳经济社会。打磨：百万奖金创业大赛。注重团队培养与提升，丰富的导师库、评委会及投融资团队；结合赛事的不同阶段，有针对性地提供创业相关的培训，精心打磨创业团队。

第二，全方位的配套服务。创业服务：创业辅导、政策咨询、创业导师及创业管理、宣传推广。基础服务：场地服务、场地互联、行政人员服务。对接服务：交流活动。

第三，高校孵化器的优势。通过对蓝海湾孵化器的分析，总结出高校孵化器具有的一般优势：一是品牌实力雄厚，香港高校通常拥有多个领域创业公司服务经验，并且拥有充足的自有资金确保持续投入；二是内地校友网络的支持能为初创企业带来一定的人力和信息资源优势；三是香港高校本部雄厚的科研实力，为创业团队提供技术支持；四是通常占据绝佳的地理位置，位于高新技术产业区，聚集众多资源，享有政策的高度支持，交通便捷；五是优选团队，从陪伴早期萌芽、商业模式打磨到团队建立的全方位辅导；六是高校孵化器占据企业一定的股份，有较强的粘连性；七是介入和退出的时间灵活，市场孵化器通常有进入和退出机制与节点选择，而高校孵化器在市面投资人不支持时就退出。

第四，高校孵化器的劣势。通过对蓝海湾孵化器的分析，总结出高校孵化器具有的一般劣势：一是"种子期"孵化器风险高、投入时间长。"种子期"，顾名思义，即把目光瞄向创业项目的种子阶段，从项目最早期介入孵化。高校做种子孵化器需要与创业企业共同成长，共同承担风险。二是面向群体受限。由于自身承受风险能力较弱，蓝海湾孵化港在成立初期仅面向科大社群（教职工、校友、学生）开放申请。三是资金来源匮乏。投入孵化器的资金主要是公司所得的营业收入，来源渠道单一，难以面对激烈的市场竞争。

三　深港跨境产学研合作的优势分析

（一）香港的优势

1. 学校：高等教育处于领先地位

从各类公认的世界大学排行榜来看，香港的大学在亚洲名列前茅。如表6-3所示，根据《QS世界大学排名（2017）》来看，香港地区有4所高校排名位列亚洲前10，充分体现了香港高等教育在亚洲地区的强劲实力。同时，根据《香港2016年中期人口统计》可知，受高等教育人口占香港15岁以上人口的比重高达30%以上。而深圳科研院校数量较少，一流的研究型大学和综合性科研机构不多,基础研究人才缺乏,原始创新能力不强,需要香港的教育实力给予支持。

表6-3　　　　　　　　香港6所高校世界排名情况

	香港大学	香港中文大学	香港科技大学	香港城市大学	香港浸会大学	香港理工大学
QS世界大学排名（2017）	世界：27 亚洲：2	世界：44 亚洲：8	世界：36 亚洲：4	世界：55 亚洲：7	世界：278 亚洲：64	世界：111 亚洲：29

2. 人才：科研力量雄厚

如图6-2所示,2000年以来,香港R&D人员总量基本呈现不断上升的趋势。2015年香港R&D人员总量为28165人,比上年增长了2.9%。2000—2015年,香港R&D人员总量增加了18363人,年平均增长率为7.3%。同时,从R&D人员分布机构情况看,香港高等教育中的R&D人员占比达到50%左右,说明香港高校是科技创新的中坚力量。

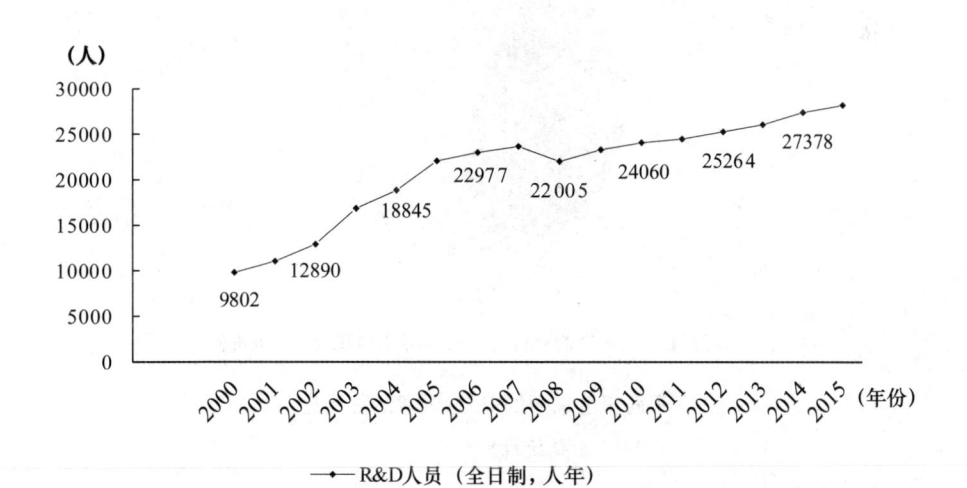

图6-2　香港R&D人员总量

数据来源：《香港科技创新统计》。

3. 国际化：与前沿技术接轨

香港是国际性大都会，既兼具国际化和华人社会的人文生活环境，又有透明规范的法制体系和营商环境。同时香港在亚洲是税率比较低的地区，使得大量的国际人才聚集，也为香港带来了前沿性的科学技术。大量国际人才的汇聚为香港储备了创新研发的智力基础，使得香港在创新研发潜力和实力上有着内地不可比拟的优势。

4. 自由港：技术、设备流通便利

香港自由港经济政策体系使其在引进国际先进技术设备时，受到的国际限制较少，如一些关键性测试、实验设备等。香港在科技信息和人员交流、研发资源和产业资讯的国际联系网络等方面，也较内地便利。

5. 经费：政府支持有所提高

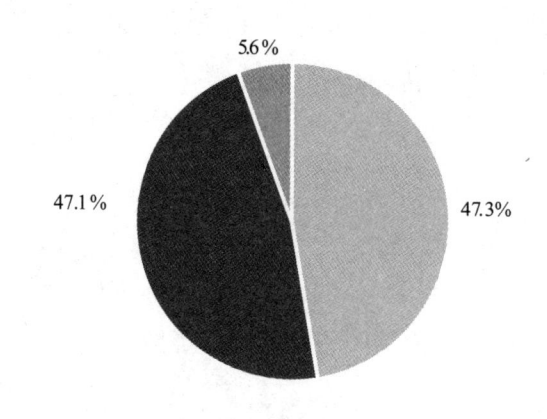

图 6-3 不同资金来源的 R&D 经费所占比重（2015）
数据来源：《香港科技创新统计》。

从 R&D 经费资金来源看，香港政府提供了大量的经费支持。根据《香港科技创新统计》可知，2015 年来自工商机构的 R&D 经费与来自政府机构的 R&D 经费占比均达到 47.1%（见图 6-

3）。从变化趋势看，从 2005 年到 2015 年，来自政府机构的 R&D 经费比重有所上升，来自工商机构的 R&D 经费比重则呈现小幅下降。说明香港政府是研发经费来源的重要渠道之一，且支持力度不断增强。

(二) 深圳的优势

1. 结构：完善的产业链条

香港科技创新的主要障碍之一在于非主流支柱产业根基薄弱，相比而言，深圳则拥有相对完善的产业链。深圳市既有规模庞大的企业，也有许多中小企业，中小企业为大企业提供各项专业服务。自上而下的企业格局构成了深圳完善的产业链条。对于高科技产品而言，从原材料、零配件到整个生产过程，需要一整条生产线的协作配合，因此深圳拥有良好的创新创业环境。

2. 政策：服务型政府，提供较多便利

为推动深圳市的源头创新，补齐深圳在创新领域的短板，2017 年起，深圳市实施"十大行动计划"，包括十个重大科技基础设施、十大基础研究机构、十大诺贝尔奖科学家实验室、十大科技产业转型专项、十大海外创新中心、十大制造业创新中心、十大未来产业集聚区、十大生产性服务业公共服务平台、十大"双创"示范基地和十大人才工程。2017 年，深圳市组织开展重大项目技术攻关，筹建了 8 个重大科技基础设施，新组建诺贝尔奖科学家实验室 3 家、基础研究机构 3 家、制造业创新中心 5 家、海外创新中心 7 家，新增福田区、腾讯等 3 家国家级"双创"示范基地，新设立新型研发机构 11 家和创新载体 195 家，全社会研发投入超过 900 亿元，占 GDP 比重 4.13%。深圳市政府以科技创新作为发展的主要动力，推进服务型政府建设，为大学、企业、科研机构的产学研合作提供了较多的便利。

3. 文化：强烈的创新创业意识

《全球创业观察（GEM）香港及深圳研究报告（2016—

2017)》显示，与 2009 年 GEM 同类调查相比，香港初创企业增长 206%，深圳初创企业增长 284%。已拥有一定规模的初创企业香港增长 109%，深圳增长更高达 389%。2016 年香港成年人口的早期创业比例为 9.44%，深圳成年人口的早期创业比例则达到 16.04%，比国内成年人口的早期创业比例高出约 6 个百分点。同时，无论在早期创业人口比例还是所有创业人口比例指标下，深圳均领先于大部分国家和地区，这表明深圳创业氛围浓厚，具有强烈的创新创业意识。

4. 地缘：毗邻香港，交通便利

据统计，2016 年，深圳边检总站共查验出入境人员 2.39 亿人次，日均查验 65.6 万余人次。根据香港规划署最新的统计调查，2015 年深港之间每天跨境往返约 65 万人次。其中往来内地的香港人中有 70% 是以深圳为目的地，内地到香港的旅客有 60% 是来自深圳，居住在内地的香港人有 90% 在深圳。

5. 资金：创投市场活跃

深圳拥有创投机构数量占到全国的三分之一，前 20 强中有一半是来自深圳的创投企业，使得深圳成为全国管理本土投资资本总额最多、创新动力最充足的地区。在各创投机构的共同努力下，深圳成功投资培育了 3 万多家科技型企业。2016 年深圳市认定国家高新技术企业 3791 家，新增 2513 家，总数达到 8037 家，占全国总数的 7.73%。

四 深港跨境产学研合作的障碍分析

（一）人员流动障碍

1. 无社保：无法享受科技人才优惠

由于跨境的特殊性，香港高校科技人员来港工作工资仍由香港本地高校发放，内地无法发放工资，因而无法缴纳当地社保。而许多人才的优惠政策以在当地缴纳社保为依据，导致跨

境科技人才丧失了在资金、住房等多方面的优惠政策。据访谈了解，香港科技大学李世炜教授本已经获得深圳市海外高层次人才奖励补贴拟发放资格，但是由于香港教授工资由香港高校直接发放，在深圳无劳动合同，因此没有缴纳社保，不符合申报条件中规定的"中国籍申请人必须在深圳连续缴纳社会保险费（任一险种）满3个月以上"，导致李教授的资格被取消，无法享受科技人才的优待。由此可见，落户限制所带来的福利问题将阻碍深港两地科技人员的交流。

2. 时间少：跨境次数、跨境时间受限制

深港的产学研合作离不开两地科研人员的跨境流动。对于内地赴港进行科研交流的人员而言，在跨境次数、跨境时间方面有较多的限制。而对于香港赴深进行科研交流的人员而言，尽管在跨境时间上没有直接限制，但目前根据香港与内地的税务安排，港人在内地工作和生活每年超过183天，将按内地个税规定征收个人所得税，而低于此数字，将按香港规定征收个人所得税。由于香港税率与内地税率相差较大，无形中限制了香港科研人员来内地工作的时间和机会，不利于两地产学研合作的推进。

3. 税收高：增加科研成本

香港拥有相当大比例的高素质人才，随着内地经济快速发展，越来越多的香港居民"北上"至深圳等地工作。一旦香港居民与内地签订劳动合同，则其工资、税收等方面将适用内地法律。尽管对于香港居民而言，在税收起征点上享有一定的优惠，但内地与香港在个人所得税上仍存在较大差距，在一定程度上会打击港人来内地工作的积极性，不利于科技创新的发展。

（二）资源流动障碍

1. 进口设备免税程序复杂

科技创新的发展需要先进的设备支持，而对于在深圳设立研发机构的香港高校而言，进口设备能否免税成为决定科研成

本的关键因素。在过去一段时间内，根据《财政部、海关总署、国家税务总局关于"十三五"期间支持科技创新进口税收政策的通知》，香港高校在深圳设立的研究院并不属于免税主体的范围，无法享受政策红利。尽管通过各方努力，已将港校深研院纳入深圳市的科研机构、广东省新型研发机构，即可享受免税政策。但是由于申请程序复杂，且部分新型研发机构反映存在政策落实困难的情况，容易导致人力、物力的浪费。

2. 核心设备无法资源共享

科学仪器设备是科学研究和技术创新的基石，是经济社会发展和国防安全的重要保障。香港高校在科研设备方面投入了大量资金，拥有一批尖端科研设备，而大多数核心设备都在香港高校本部，因而，用好香港高校的配套设施是深港跨境产学研合作的重点。但目前由于设备跨境流动困难，难以实现资源共享，无法发挥香港高校本身的优势。如果香港高校科研人员在内地从事研究工作时重新购置设备，一方面将导致资源的浪费，另一方面部分设备可能受到入境限制，难以获得。据了解，即使香港高校愿意捐赠，设备仍然无法过关。

3. 科研资金无法跨境使用

科研资金是支撑项目发展的必要保障，目前内地科研人员参加港澳科技项目十分困难，科研经费受到较严格的限制，而香港科研人员申请内地科研项目，则需要用内地研究院的名义申请。除了存在跨境使用的障碍，一些重要的国家科研计划的专项经费也并未完全覆盖香港地区，例如国家高技术研究发展计划（863 计划）、国家重点基础研究发展计划（973 计划）在专项经费管理办法中规定，主要支持内地具有法人资格的科研院所、高等院校和相关企业。

4. 创业启动资金划拨困难

前海作为深港合作的重点区域，吸引了大批港人前来创业。但在企业创始阶段，资本金必须从香港汇入内地，港人无法在内地开设账户直接汇入资本金。资金划拨的困难给港人北上创业带来了无形的壁垒。

5. 科研信息获取途径受阻

由于内地对网络信息的限制，在隔绝干扰信息的同时，也将科研信息拒之门外。来深进行科研活动的香港人员没有便捷的信息渠道，难以适应在内地的工作环境。

（三）体制机制障碍

1. 办学难：港校无法独立办学

根据《中外合作办学条例》的规定，香港特别行政区的教育机构与内地教育机构合作办学的，参照中外合作办学的规定执行。这使得港校在内地无法独立办学，难以发挥香港高校在课程设置、教学方法、管理模式上的优越性。采用合作办学的模式，一方面由于自主性的缺乏，港校来内地办学的积极性不高，不利于人才的培养；另一方面也可能导致对人才的吸引力度不够。

2. 融入难：香港机构在夹缝中生存

香港高校在深圳成立的研究院尽管属于深圳市的事业单位，但由于有时会由于信息不对称而无法享受应有的待遇。随着粤港澳大湾区建设的推进，更应当关注此类跨境设立的机构，摆脱香港机构由于身份的原因而导致的尴尬局面。

五 总结与政策建议

国内产学研合作已经从技术引进发展到自主创新的重要节点，试验发展到基础研究的过渡阶段，企业主导到协同创新的发展时期。在这样三期并存的重要阶段，促进产学研协同发展，才能真正实现从要素驱动向创新驱动的发展战略。粤港澳大湾区国际科技创新中心建设已上升为国家战略，是我国实现创新驱动发展的核心支撑。为打造粤港澳世界级科技创新湾区，必须充分发挥湾区内各地区的比较优势，其中深港跨境产学研合作是重要的科技创新模式。

作为改革开放的先锋，深圳在高校成果转化和产学研结合的探索中，从开始创办大学、最早的科技工业园，到最早的专职科技成果转化组织，再到最早的虚拟大学组织，直到新近建立的一系列产学研联盟、新型科研机构以及特色学院的兴起，一直处于高校成果转化和产学研结合改革和试验的实践前沿。从最初深圳与北京大学、香港科技大学合办的深港产学研基地到如今虚拟大学园内部六所香港院校深圳研究院，深港跨境产学研合作也在稳步推进。

深圳虚拟大学园通过十多年的不断发展，逐步形成了特色鲜明、专业突出的研发机构聚集地、高端人才宜聚地和中小科技企业集散地。虚拟大学园通过提供土地、经费和平台等配套服务为企业科技发展提供助力。虚拟大学园内的机构具有四不像的特点，既是企业又不完全像企业，既是事业单位又不完全像事业单位，既是研究机构又不完全像科研院所，既是大学又不完全像大学，这保证了跨境产学研合作的灵活与高效。

深港合作在产、学、研等多方面取得了显著成就。第一，在学方面，通过合作办学，吸引人才；依托平台，培养人才；政策配套，留住人才。第二，在研方面，香港港校通过在深圳设立研究院，开展各项科研活动，其中既包括与政府对接的纵向项目，也有同产业界合作的横向项目。第三，在产方面，港校与深圳合作，充分借助和发挥了自己在挑选、孵化和培育潜力技术和企业方面的卓越科技能力，孵化了一批优异的高技术企业。

深港跨境产学研合作优势明显：香港的高校处于世界领先位置，科研力量雄厚，国际化的环境使得香港在技术和设备方面都与国际接轨，与此同时，政府在基础科研方面的支持力度较强。深圳具有完备的产业链，深圳市政府对企业提供了较好的公共服务，与此同时，深圳人口结构年轻，创新创业的意识较强，创投市场也相当活跃。但深港之间的科技合作仍旧存在一些障碍，深港之间依然存在人员流动障碍，也存在资源流动的障碍，体制机制的障碍也有待破除。

通过上述分析可知，深港跨境产学研合作中的主要问题在于人流、物流、资金流的跨境障碍。本章将结合粤港澳大湾区的现状，针对上述问题提出相应的政策建议。

第一，完善科研人员流动机制。要进一步吸引香港科研人员来内地进行科研交流，必须完善科研人员流动机制。一是保障跨境科研人员享受应有的优惠政策。对于跨境科研人员而言，在认定能否享受科研政策优惠时，应从实际情况出发，综合各项指标考察其在科研中所做出的贡献，而非仅以是否缴纳社保作为硬性指标。二是采取补贴等方式弥补税费差额。香港与内地的税率之差是阻碍跨境人员流动的重要因素。对于高级研发人员，相关单位可根据实际情况对税收差额进行补贴，以激励香港科研人员来内地工作。三是解决科研人员的住房、子女教育等问题。只有解决在内地工作的后顾之忧，创造适宜工作的环境，才能为科研人才跨境流动提供进一步便利。

第二，实现科研设备互联互通。实现科研设备互联互通，既能发挥各方优势，又能使资源得到合理利用。一要落实科研设备进口免税政策。对于已经获得科研设备进口免税资格的香港高校，相关单位应密切关注政策的落实情况及实施中存在的困难，并及时加以解决。二要简化进口免税政策的申请流程。对于尚未获得科研设备进口免税资格的香港高校，相关部门应明确审批程序，加快审批流程，为跨境产学研合作提供便利通道。三要扫除科研设备跨境使用障碍。对于部分需要跨境使用的核心设备，科研机构可通过特定渠道报备申请，相关部门及时追踪科研设备跨境使用情况。四要加大对香港高校深圳研院的配套支持。处于初创阶段的各香港高校深圳研究院,由于资金来源匮乏,财力有限,发展缓慢。政府在资金、设备等方面提供一定的配套支持,有利于深港跨境产学研合作的进一步深化。

第三,允许科研资金跨境使用。实现大湾区科研资金的跨境使用是推动科技创新的关键一步。2017年12月,科技部已率先将广东的200万元科研经费,经由银行打入香港承担的国家科研项目单位,成为跨境经费在港使用的首例。为推动科研经费跨境使用的进程,首先,应明确界定科研经费的使用范畴。科研经费数额巨大,只有在合理的范围内使用才能保证资金的安全性。其次,可建立跨境科研经费单独账户,明确每一笔跨境经费的来源和流向。最后,应加强对各高等院校、科研机构、企业跨境科研经费账户的监控,保证每一笔资金都落实到科研项目中。

参考文献

[1] 付俊超:《产学研合作运行机制与绩效评价研究》,中国地质大学,2013年,第1—129页。

[2] 李忠祥:《深港优势互补,携手创新发展》,2012年9月28日,https://tech.sina.com.cn/internet/china/2000-09-18/37013.shtml。

[3] 深圳虚拟大学园:《以"一园多校、市校共建"模式建设产学研结合示范基地》,《中国科技产业》2011年第2期,第79页。

[4]《深圳虚拟大学园简介》,2015年4月15日,深圳虚拟大学园官网(http://www.szvup.com/Html/xygk/3840.html)。

[5] 深圳清华大学研究院:《研究院简介》,2018年12月27日,http://www.tsinghua-sz.org/about.aspx。

[6] 深圳虚拟大学园管理服务中心:《深圳市虚拟大学园博士后科研工作站暂行管理办法》,2016年1月29日,http://www.szvup.com/Html/bszn/bshjz/9320.html。

[7] 韦惠惠、陈昌贵:《粤港高等教育合作制度变迁分析》,《广东

工业大学学报》（社会科学版）2011年第11卷第1期，第6—10页。

［8］香港理工大学产学研基地：《基地介绍》，2018年12月27日，http：//www.polyu-szbase.com/ASP/content.asp？pid=4。

［9］香港理工大学产学研基地：《香港理工大学深圳研究院教育中心概况》，2018年12月27日，http：//www.polyu-szbase.com/ASP/content.asp？pid=16。

［10］香港科技大学深圳研究院：《科技研发》，2018年12月27日，http：//szier2.cn/kjyf.asp。

［11］香港科技大学深圳研究院：《创新创业》，2018年12月27日，http：//szier2.cn/cxcy.asp。

［12］曾国屏、王路昊、杨君游、马辉：《深圳的产学研合作：历史经验与现状思考》，《科学与管理》2013年第33卷第6期，第3—13页。

［13］中新社新闻：《33所名校入驻深圳虚拟大学园》，2000年9月18日，https：//tech.sina.com.cn/internet/china/2000-09-18/37013.shtml。

第七章
主要研究发现与政策建议

2019年伊始,《粤港澳大湾区发展规划纲要》落地,中央明确粤港澳大湾区建设具有全球影响力的国际科技创新中心战略定位。粤港澳大湾区打造国际科技创新中心,既要遵循国际科技创新中心的发展规律,又要了解当前科技发展的趋势,结合粤港澳大湾区"一国两制、三个关税区、三种法律体系"的特色,在跨境背景下寻求粤港澳大湾区科技资源整合与共同发展的模式与思路。

本书按照从宏观区域比较到个案剖析的思路展开,对粤港澳大湾区打造全球科创中心的比较优势、发展现状,以及未来面临的主要挑战进行较为系统全面的分析,在此基础上提出粤港澳大湾区打造全球科创中心的政策建议。

一 主要发现

(一)国际比较发现

在国际比较部分,我们以旧金山湾区和纽约湾区所在的美国、东京湾区所在的日本和瑞士三国作为比较的对象,对粤港澳大湾区的科创基础进行国际对比研究。通过对私募股权和独角兽,专利申请和知识产权贸易,教育和科研,全球化程度和营商环境的比较,总结大湾区独特的制造业竞争优势。世界三大湾区是人口最密集、经济活动最为活跃的地区，众多高科技企业的集聚地。同时瑞士作为创新能力一流的地区，在世界科技创新发展进程中占据重要位置，是北欧具有代表性的创新性国家。

1. **私募股权和独角兽企业**

美国私募股权机构数量独占鳌头，而日本私募股权机构则表现较弱，粤港澳大湾区内部的香港活跃着大量的股权投资机构，为初创企业的发展提供了基础。私募股权的发展密切关系着地区独角兽企业的发展，中国的独角兽数量紧随美国之后，占据世界总数近40%，远高于瑞士和日本。其中粤港澳大湾区出现了大量的独角兽企业，体现了其良好的创新潜力和发展前景。

2. **知识产权的申请和保护**

美国拥有最多的PCT专利申请量，其次是中国和日本，相较而言，瑞士在专利申请数量方面不占优势。就粤港澳大湾区而言，广东PCT专利申请数量占比超过全国PCT专利申请数量的一半，常年位居全国第一，同时广东地区知识产权使用费出口额较高，说明粤港澳大湾区在国际专利布局方面优势明显。

3. **教育和科研水平**

瑞士平均受教育年限最高，为科技创新提供了充足的人力资源，而中国内地平均受教育年限不及世界平均水平。但是随着教育投入的不断增加，中国预期受教育年限正不断缩小与其他国家的差距。而在科研基础方面，美国拥有众多世界一流高校和科研机构，而中国、日本和瑞士在建设一流高校和科研机构方面还有待提升。科研的发展离不开经费的支持，根据研发投入占GDP的比重可知，瑞士拥有最高的研发投入强度，而中国研发经费投入总量虽大，但却大而不优，研发投入强度不及其他三个地区。

4. 全球化程度和营商环境

瑞士作为移民国家，其全球化程度最高，拥有开放多元的环境，易于创新的萌芽。美国和日本的全球化程度同样位居世界前列。相较而言，中国尤其是内地，全球化程度较低，对国际人才的吸引力不够。同时通过营商环境比较可以发现，粤港澳大湾区内部城市差异较大，其中香港的营商环境在世界范围内表现优异，而内地的营商环境评价不如其他三个地区。

中国在全球制造业竞争力方面一直具有突出表现，但随着发达国家"再工业化"战略的推进，中国想要保持自身优势必须大力发展科技创新。推动粤港澳大湾区科创中心建设，发展其在创新方面的比较优势，有利于确立中国在国际贸易分工体系中的地位。其中，粤港澳大湾区所在的珠三角地区，是中国发展最为成熟的制造业中心之一，具有强大的产业配套能力和生产制造能力。应当加快传统产业的转型升级，同时大力发展新兴产业。

（二）国内比较发现

在国内比较部分，我们通过对三大科创中心创新环境、创新投入和创新产出的比较，分析三大科技创新中心创新生态系统的差异，从而发现粤港澳大湾区科技创新的优势与不足。京沪广深港地区作为我国经济的重要增长极，同时也是科技创新的三大支柱地区。北京、上海和粤港澳大湾区都在打造全国科创中心之际，其自身的创新禀赋和创新模式也存在一定差异。

第一，创新氛围浓厚，人口年龄结构具有优势。从文化多样性角度看，与京沪地区相比，广深地区吸纳了大量的外来人口，在国内文化交流中具有一定优势。同时香港拥有更高的国际开放程度，国际交往较为密切。粤港澳大湾区整体对外开放程度较高，面向国内、国际均有一定优势。从年龄结构看，粤港澳大湾区人群相对年轻，年龄结构的年轻化更加有利于人力资源的积累，从而促进科技创新的发展。上海人口老龄化问题较为严峻，将为科技创新发展带来巨大压力。从教育结构看，粤港澳大湾区内的城市人口平均受教育程度较低，高等院校在校生数量多但研究生占比少。同时，粤港澳大湾区尤其是广东省理工科发展较为落后，说明其科研实力与京沪地区相比仍然存在较大差距。从产业结构看，香港地区拥有无法比拟的优势，发达的服务业为科技创新提供了保证。从知识产权保护看，粤港澳大湾区整体知识产权保护程度高，京沪地区表现有待提升。从创投资金分布看，北京集中了全国三分之一左右的创投资金，而粤港澳大湾区尤其是香港对创投资金的吸引力不足，对当地科技成果的转化可能产生不良影响。从政府效率看，北京位居2017年中国省级政府效率首位，广东和上海紧随其后位列第二、第三名。就粤港澳大湾区内部而言，深圳市政府表现最优，且政商关系表现同样优异，而广州政府工作效率则低于珠三角大部分地区。此外，广深港地区相较京沪地区拥有更好的营商环境，在开办企业程序、时间、成本等方面均有突出表现。

第二，创新投入总量不足，结构不合理，高端要素严重不足。从 R&D 经费看，粤港澳大湾区在研发投入总量和强度方面不及北京、上海，尤其是香港地区研发经费投入远低于全国平均水平。同时粤港澳大湾区 R&D 经费更倾向于投入企业进行试验发展，上海同样以企业作为研发主体，而北京则更加注重基础研究和应用研究。从高校数目看，北京拥有绝对优势，粤港澳大湾区内部仅香港拥有一定数量的顶尖大学，其他地区实力较弱，整体资源分配不均。从两院院士数量、国家级重点实验室和国家工程技术中心数量看，高端人才和高端设备集中在北京，粤港澳大湾区顶尖科研力量薄弱。

第三，创新产出应用研究和基础研究强弱分化。从发表论文数量看，北京地区基础科研实力雄厚，相较而言，广东地区论文发表数目最少。从专利申请数量看，北京在国内专利申请和专利授权量上具有明显优势,上海国内专利申请数量略低于深圳。而在国际专利申请方面,深圳占有绝对领先地位,申请数量远远超过其他四个地区。从独角兽企业数量看,北京拥有数目最多的独角兽企业,上海次之,而粤港澳大湾区独角兽企业相对较少。同时,从独角兽企业行业分布看,北京以商业模式创新和技术创新为主,上海侧重于商业模式创新,深圳则更注重技术创新,尤其是智能硬件领域的创新优势格外明显。

通过三大科技创新中心比较分析,可以发现粤港澳大湾区创新氛围浓厚,基础环境较为优越,知识产权保护和贸易处于领先地位,且营商环境良好,利于创新企业开办。但是仍然面临着发展困境,如高等教育实力薄弱,理工类人才稀缺,初创企业缺乏创投资金,研发经费投入不足,缺乏顶尖科研力量等。

(三) 企业实证发现

在世界经济发展转型、我国提出创新驱动战略的大背景下,公司创新已成为创新高地和重要创新主体之一,其中,上市公司更是在各行各业引领创新,其创新投入和创新产出都有较大规模。

第一,从创新投入来看。深交所上市公司的平均研发强度最大,达3.2%,其次是在港交所上市的内地企业,达2.83%;从上市板块看,沪深交易所创业板的企业平均研发强度最大,达4.64%;从企业性质看,私企的平均研发强度达3.4%,高于国企;从行业看,信息技术和医疗保健行业的平均研发强度最大。

第二,从创新产出来看。沪深交易所主板的企业平均专利数最高,是创业板的3.4—4倍以上;国企的平均专利数是私企的2倍以上;能源和可选消费行业的平均专利数居于前两位。总体来看,2017年,创业板上市公司和私营企业的创新投入水平较高,但主板上市公司和国企的创新产出水平较高,表明主板上市公司和国企仍是公司创新中的"领头羊",创业板上市公司和私企蓄势待发,具有较大潜力。在行业层面,能源和可选消费的平均专利数最多,两个行业分别在发明专利和实用新型专利上的占比均超过50%,技术含量和方向具有显著差异;信息技术和医疗保健行业创新投入居于高位,且具有高技术含量的行业特性,蕴藏着巨大的创新动能。

第三,公司创新产出是由公司内部创新投入、外部创新环境相互作用、共同促进的结果。本部分用样本个数为2462个公司的2年非平衡短面板数据,来验证上市公司的创新影响因素。在企业内部创新投入层面,企业规模,如企业总资产、企业营业收入对企业创新的促进作用最大。其次是企业研发强度,企业员工平均教育年限的促进作用较小。而企业性质对于企业创新产出的影响在统计上不显著。城市层面的创新创业环境对于企业创新产出的影响远高于企业内部创新投入,从政策环境、产业环境、人力环境、研发环境、金融环境和中介环境6个子环境具体来看,企业创新产出与子环境指数均呈正相关,其中,研发环境的促进作用最强,研发环境的改善更有可能会提高企业创新产出;而政策环境的促进作用较小,但政府在政策子环境改善中可操作性最强,可从资本、土地、人力等创新投入要素和企业创新的各个环节提供具有优势的政策。

总体来看,企业创新产出有赖于企业内部的创新投入,但外部创新创业环境极大地影响了其创新产出,两者相互作用,共同促进企业创新水平的提高。

(四)个案分析发现

案例分析有利于我们了解粤港澳科创合作中面临的微观层面信息。我们的案例主要来自深圳较为成功的科创企业和合作平台,这样选择的目的是希望找到成功模板,并从中找到可以复制的经验。

1. 来自华大基因的发现

第一，不管是资金的支持还是政策上的鼓励，政府在华大基因的成长壮大过程中一直起着重要的作用。政府对生物技术行业内龙头企业的支持，往往能够起到以点带面的效果，从而带动整个行业的发展，加速生物技术的产业化。

第二，产学研一体化的创新企业发展模式，其在基础科研和人才培养方面媲美大学和科研机构。深圳华大生命科学研究院，有丰硕的科研产出，重点实验室和工程实验室、华大基因学院联合培养人才。产学研一体化的创新企业发展模式，使科研项目的推进与后备人才的培养有机结合，有利于科研成本的降低，有利于基础研究的突破，有利于研究成果的转化，成为企业发展的有力保障。

2. 来自迈瑞的发现

第一，重视研发。迈瑞拥有独立运行的技术研究院，专注于相关领域的前沿技术研究，共有10个分布于全球的技术研究院，负责新技术研发和外部资源整合，在具体项目中会与产品线技术人员组成虚拟团队。

第二，完整的研发体系。与技术研究院配合的有两个部门，业务发展委员会和规划部。一旦有了关于技术或产品研发的新想法，都会进入业务发展委员会进行评判，来判断业务发展方向和划分项目类型，最后进行人员和资金的配置，具体落入技术团队或业务开发团队，并且根据项目研发周期给予相应的资金和资源支持。规划部根据全球市场不同需求来规划各地研发中心的研发方向和确定新技术的归属权。规划部具体会将产品及技术划分为核心业务、增长业务和种子业务三种业务类型，再将其分配到各个事业部的研发中心。

第三，有机整合城市产业链配套。完成的产业链为高科技型企业的发展提供了沃土，30年前的深圳有一批加工型企业，产品包括电路板、电镀、模具等，产品质量管理较好而且能与国际接轨，为迈瑞前期研发生产提供了很好的产业配套环境。迈瑞逐渐成长起来，现今深圳很多医疗器械的公司创始人亦是从迈瑞走出去的。

（五）深港跨境平台发现

粤港澳大湾区建设科创中心，整合粤港澳在科技领域的优势互补项目应是题中之义。以深圳虚拟大学园为代表的深港跨境产学研合作给予我们了解和突破粤港澳合作制度障碍的可能性。

第一，深港跨境产学研合作优势明显。香港的高校处于世界领先位置，科研力量雄厚，国际化的环境使得香港在技术和设备方面都与国际接轨，与此同时，政府在基础科研方面的支持力度较强。深圳具有完备的产业链，深圳市政府对企业提供了较好的公共服务，与此同时，深圳人口结构年轻，创新创业的意识较强，创投市场也相当活跃。

第二，深圳提供土地前期经费，香港高校自主管理，自负盈亏。虚拟大学园配套服务主要包括土地、经费和平台三方面。深圳虚拟大学园为园内高校提供了大量的配套服务。主要包括：（1）研究院、科研机构设立：对符合条件的院校、研究机构资助启动经费、免费提供办公用房等；（2）孵化企业设立：对符合一定条件的企业给予资金支持；（3）研究生实习补贴：符合成员院校扶持经费资助条件的单位，对其来深圳实习的研究生给予资助；（4）土地优惠政策：包括对初期入园的院校零地价出让以及后期实行以优惠价收取土地租金至今实现的土地招拍挂，有利于降低学校的用地成本；（5）交流平台：举办一系列互动会、项目推介、走进企业、院校访港等活动。

第三，院企并行，各司其职。香港高校在深圳的产学研基地也具有类似的组织架构，通常以两个平行机构的模式运作。其一是以港校深圳研究院为主体，属于事业单位性质。作为事业单位的港校深研院部门，主要承担人才培养、技术开发、技术转让、技术咨询等活动。同时，香港高校深圳研究院可作为政府科技项目基金的依托单位，为师生提供项目申请平台。港校师生通过深研院可申请国家自然科学基金、中国科技部科技计划、广东省科学技术科技计划、深圳市科学技术科技计划等政府项目。其二是以港校产学研基地有限公司为主体，其属于企业性质，是外国法人独资的有限责任公司。作为企业单位的港校研发有限公司，主要负责香港高校在深圳及中国内地的高新科技课题研发、推广、成果转化及企业孵化提供基地、平台、信息咨询、合作交流、技术服务及技术支持等配套服务、自有物业管理。

二 政策建议

（一）关于粤港澳大湾区科技创新要素的政策建议

粤港澳大湾区要打造成为全球创新中心，要保持和提升多元文化、人口年轻化和良好的营商环境等软环境优势，大力推动创新要素投入，打造创新资本和人才集聚高地，助推粤港澳大湾区的融合创新。尤其需要补齐创新要素，尤其是高端创新要素不足的短板。

补齐的思路包含如下几个方面：

（1）要通过制度设计的方式，将香港的高端创新要素纳入大湾区的创新发展体系，例如香港高校、香港的国家化人才等。

（2）广东省政府应该协同企业，推动基础研发方面的投入，以此弥补粤港澳大湾区应用研发强而基础研发弱的现状。

（3）中央政府应积极推动广东省重点实验室的建设和两院院士人才的培养和引进。

（二）粤港澳大湾区科创中心关于产业发展的政策

粤港澳大湾区的传统产业基础是未来创新发展最重要的基

础。粤港澳大湾区的创新产业布局可依靠传统制造业升级＋新产业双轮驱动模式，推动实体经济发展，推动粤港澳大湾区在产业全球价值链中的提升。政策建议包括如下：

（1）确定智能制造与人工智能行业在大湾区发展中的战略地位，从人才、资金和制度等方面全方位配合粤港澳大湾区打造智能制造行业集聚生态。粤港澳大湾区智能制造和人工智能行业的发展，将有助于降低产业对劳动力的依赖，有助于我国应对第四次全球产业转移的不利影响，降低产业转移对实体经济和就业的负面影响。

（2）通过税收和经费投入等政策引导，以传统制造业转型升级带来的智能设备需求为契机，推动我国智能设备制造行业的快速发展。目前智能设备（如机器人设备）的需求快速增长。我国智能设备制造商可以利用与传统产品制造商之间的交流合作便利性，推动非标智能设备的研发与生产，打破美日韩在智能制造领域的先发技术垄断优势。

（3）考虑到研发投入和人才培养的外溢性和长期性，政府应该大力推动人工智能领域的研发投入和人才培养，为企业推动人工智能的发展提供良好的产业生态，弥补单个企业研发投入实力不足，人工智能领域人才短缺的问题。

（4）推动粤港澳大湾区的城市创新模式多元化。平台和总部经济往往会集中在一两个城市，广深港三个一线城市的创新模式将以平台化经济和中心服务区经济为代表。粤港澳大湾区其他以制造业为主导产业的城市，应结合自身的优势产业，通过传统产品制造业和智能制造互动，实现传统产业升级和新产业发展的双轮驱动，从而实现粤港澳大湾区多层次的产业升级和创新策略。

（三）粤港澳大湾区跨境合作的政策建议

深港之间的科技合作仍旧存在一些障碍，深港之间依然存在人员流动障碍，也存在资源流动的障碍，体制机制的障碍也有待破除。主要问题在于人流、物流、资金流的跨境障碍。

第一，完善科研人员流动机制。一是保障跨境科研人员享受应有的优惠政策。对于跨境科研人员而言，在认定能否享受科研政策优惠时，应从实际情况出发，综合各项指标考察其在科研中所做出的贡献，而非仅以是否缴纳社保作为硬性指标。二是采取补贴等方式弥补税费差额。三是解决科研人员的住房、子女教育等问题。

第二，实现科研设备互联互通。实现科研设备互联互通，既能发挥各方优势，又能使资源得到合理利用。一要落实科研设备进口免税政策。对于已经获得科研设备进口免税资格的香港高校，相关单位应密切关注政策的落实情况及实施中存在的困难，并及时加以解决。二要简化进口免税政策的申请流程。对于尚未获得科研设备进口免税资格的香港高校，相关部门应明确审批程序，加快审批流程，为跨境产学研合作提供便利通道。三要扫除科研设备跨境使用障碍。对于部分需要跨境使用的核心设备，科研机构可通过特定渠道报备申请，相关部门及时追踪科研设备跨境使用情况。四要加大对香港高校深圳研究院的配套支持。

第三，制度化科研资金跨境流动。实现大湾区科研资金的跨境使用是推动科技创新的关键一步。2017年12月，科技部已率先将广东的200万元科研经费，经由银行打入香港承担的国家科研项目单位，成为跨境经费在港使用的首例。为推动科研经费跨境使用的进程，首先，应明确界定科研经费的使用范畴。但是，目前大湾区高校和科研机构之间的研究经费流动并没有实现常态化。建议在制定标准，规范科研资金流动，使得科研经费跨境流动常态化制度化发展。可建立跨境科研经费单独账户，明确每一笔跨境经费的来源和流向；同时，各高等院校、科研机构、企业跨境科研经费账户的监控，保证每一笔资金都落实到科研项目中。

(四) 粤港澳大湾区政府角色的政策建议

第一,合理进行产业规划。企业是产业发展和产业结构调整的主体。在进行产业规划的制定时,政府要多方面收集企业信息和经济数据,正确接收市场信号并及时进行有效分析,紧跟世界技术变革趋势,并进行细致完善的论证。

第二,提供良好营商环境。政府要创造有利于新兴产业发展的环境,切实解决企业发展过程中所面临的突出问题和实际困难。一方面提供基本的公共服务,另一方面急企业之所急,需企业之所需,为企业提供良好的营商环境。

另外,在垄断、外部性、信息不对称、公共品供给不足等情况存在时,可能会出现市场失灵。这时就需要政府迅速做出反应,通过适当的调控措施,对市场失灵进行矫正。

第三,政府与企业形成良好的伙伴关系。

政府在起草制定政策规划时,要多了解企业的实际情况,包括企业经营过程中遇到的困难,以及相应的诉求和愿望等。这样的政策制定才能有的放矢,更好地服务于企业实际需要。同样地,企业在做出重大的经营决策时,需要及时了解有关政策的最新动向,包括对该行业的扶持、监管等政策,减少政策不确定性带来的风险,做出未来产业发展的合理预期。建立政府和企业之间的长效沟通机制,政府对企业的意见要进行充分的考虑,对企业的建议要做出积极的反馈。

参考文献

楚天骄、宋韬：《中国独角兽企业的空间分布及其影响因素研究》，《世界地理研究》2017年第6期。

冯根福、温军：《中国上市公司治理与企业技术创新关系的实证分析》，《中国工业经济》2008年第7期。

付俊超：《产学研合作运行机制与绩效评价研究》，中国地质大学，2013年。

国家知识产权局知识产权发展研究中心：《2016年中国知识产权发展状况评价报告》，研究报告，2017年。

何兴强、欧燕、史卫、刘阳：《FDI技术溢出与中国吸收能力门槛研究》，《世界经济》2014年第10期。

李香菊、贺娜：《税收激励有利于企业技术创新吗？》，《经济科学》2019年第1期。

李忠祥：《深港优势互补》，《携手创新发展》，https：//tech. sina. com. cn/internet/china/2000 - 09 - 18/37013. shtml，2012年9月28日。

刘诚达：《制造业单项冠军企业研发投入对企业绩效的影响研究——基于企业规模的异质门槛效应》，《研究与发展管理》2019年第2期。

人大国发院政企关系与产业发展研究中心：《中国城市政商关系排行榜2017》，研究报告，2018年。

深圳清华大学研究院：研究院简介，2018年12月27日，http：//

www. tsinghua – sz. org/about. aspx。

深圳虚拟大学园官网：深圳虚拟大学园简介，2015年4月15日，http://www. szvup. com/Html/xygk/3840. html。

深圳虚拟大学园管理服务中心：《深圳市虚拟大学园博士后科研工作站暂行管理办法》，2016年1月29日，http://www. szvup. com/Html/bszn/bshjz/9320. html。

深圳虚拟大学园：以"一园多校、市校共建"模式建设产学研结合示范基地．《中国科技产业》，2011年。

石惠敏、李强：《创新氛围与企业创新能力——基于企业周边高校特征的视角》，《财会月刊》2019年第6期。

世界银行：营商环境报告，研究报告，2018年。

世界知识产权组织：康奈尔大学，英士国际商学院，《2016年全球创新指数报告》，研究报告，2017年。

韦惠惠、陈昌贵：《粤港高等教育合作制度变迁分析》，《广东工业大学学报》（社会科学版），2011年第01期。

吴超鹏、唐菂：《知识产权保护执法力度、技术创新与企业绩效——来自中国上市公司的证据》，《经济研究》2016年第11期。

香港科技大学深圳研究院：创新创业，2018年12月27日 http://szier2. cn/cxcy. asp。

香港科技大学深圳研究院：科技研发，2018年12月27日，http://szier2. cn/kjyf. asp。

香港理工大学产学研基地：基地介绍，2018年12月27日，http://www. polyu-szbase. com/ASP/content. asp? pid =4。

香港理工大学产学研基地：《香港理工大学深圳研究院教育中心概况》，2018年12月27日，http://www. polyu – szbase. com/ASP/content. asp? pid =16。

姚东旻、宁静、韦诗言：《老龄化如何影响科技创新》，《世界经济》2017年第4期。

粤港澳大湾区研究院：《2017年中国城市营商环境报告》，研究报告，2018年。

曾国屏、王路昊、杨君游、马辉：《深圳的产学研合作：历史经验与现状思考》，《科学与管理》2013年第06期。

章立军：《创新环境、创新能力及全要素生产率——基于省际数据的经验证据》，《南方经济》2006年第11期。

中国科技发展战略研究小组、中国科学院大学中国创新创业管理研究中心：《中国区域创新能力评价报告2016》，科学技术文献出版社2016年版。

中国科学技术发展战略研究院：《国家创新指数报告2016—2017》，科学技术文献出版社2017年版。

中华人民共和国科学技术部：《中国区域创新能力监测报告2016—2017》，科学技术文献出版社2017年版。

中新社新闻：33所名校入驻深圳虚拟大学园，2000年9月18日，https：//tech.sina.com.cn/internet/china/2000-09-18/37013.shtml。

Ballot G, Fakhfakh F, Taymaz E. Firms'human capital, R&D and-performance: a study on French and Swedish firms. Labor Economics, 2001, Vol. 8, No. 4。

D'Este, P. The Role of Human Capital in Lowering the Barriers to Engaging in Innovation: Evidence from the Spanish Innovation Survey. Industry & Innovation, 2012, Vol. 21, No. 1。

Moretti E. Workers'Education, Spillovers, and Productivity: Evidence from Plant-Level Production Functions. American Economic Review, 2004, 94 (3): 656–690。

李小瑛，经济学博士，中山大学粤港澳发展研究院副教授。主要从事区域与城市经济学、劳动经济学和企业创新等领域的研究。在《经济研究》《管理世界》和国外SSCI期刊发表论文多篇。主持过国家自然科学基金项目、国家社会科学基金项目和国家高端智库项目等。

刘夕洲，中山大学粤港澳发展研究院硕士研究生。

李晋灵，中山大学粤港澳发展研究院研究生，中国建设银行广东省分行管培生。

蒋秋祎，中山大学粤港澳发展研究院硕士研究生。

陈嘉玲，中山大学粤港澳发展研究院博士研究生。